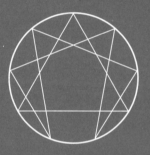

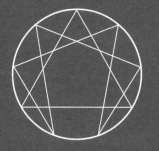

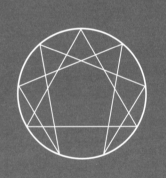

九型人格
心靈密碼學

台灣首位「九型人格學」國際認證講師
胡挹芬/著

THE
ENNEAGRAM
CODE

CONTENTS

【前言】老鷹與小雞

是老鷹？還是小雞？

美國印地安土著流傳著一個古老的生命故事。

話說有一天，有一位年輕的勇士攀上一座高峰，在高山頂上，他發現了一個老鷹蛋。沒有多想，他把老鷹蛋帶回部落裡，但是，又不知道該如何照顧，因此，他便把這個老鷹蛋放到雞籠裡，與其他雞蛋一起孵化。

就這樣，老鷹與小雞們一起長大，也學小雞一般地發出咯咯的叫聲。幾個月過去，老鷹和所有的雞隻一樣，一邊嘎嘎叫、一邊埋頭奮力地從泥土裡挖出小蟲，為每一天的飢餓而忙碌。有時候，老鷹也會跟著雞同伴們，笨拙地拍著翅膀，在矮樹叢中四處穿梭，只為了尋找一處可以棲身休息的地方。

日子一天天過去，長大的老鷹始終認為自己是一隻低頭在地面上拼命抓小蟲的雞，直到有一天，他無意中抬頭望向天空，發現了一個讓他震懾的畫面。他看見在清澈湛藍的天空裡，有一隻神氣威猛的大鳥正輕鬆地順風飛翔。老鷹的心陡然震動，他的內心充滿無以名狀的興奮與崇拜。他轉頭對正在忙碌抓蟲的雞群發問：「那是誰？」

「那是誰？」一隻年長的雞伙伴抬頭看了看天空，沒好氣地回答：

「那是老鷹，是鳥中之王。我勸你不要浪費時間去研究老鷹是誰，你和我一樣，都只是在地上為了每天生活而忙碌的雞！」

這隻在雞群中長大的老鷹，他最後的命運如何呢？

他是繼續認命地當一隻雞？還是最終發現自己原來是一隻鷹？

哈，每個人聽到的故事結局都不一樣！因為，正如其他的勵志故事一般，每個人解讀的角度與受到的啟發，皆不相同。

我們大多數人都曾經感受過老鷹內心的感動！也許是來自一位陌生人的分享，讓我們看見另一種完全不同於自己的生命光景而感到震撼。也許是從某人身上散發出來快樂與平靜的氣質，讓我們心生羨慕。甚或是小嬰兒在襁褓中喝奶時那種全然的滿足，讓我們被生命的美好所感動！

米勒的「拾穗」、貝多芬的「命運交響曲」、埃及的金字塔……都曾經帶給不同的人不同程度的震撼與感動，激發起內心追求某種圓滿或是心靈和諧的渴望。然而，就在我們也想起而行追求心靈上的圓滿時，那在心中長久居住的雞伙伴，總是提醒我們要回歸現實面，要我們為下一餐、下下餐、甚至十年以後的生活做好萬全的準備。

就這樣，我們常常在滿足現實慾望與對靈性的渴求之間徘

何；就算屈服於現實面，心靈上的渴望卻從不曾消失。而正因為我們的內心仍然渴望忠於自我，「九型人格」才有機會展現其強大的心靈成長力量。因為，九型人格能夠幫助我們認清自己究竟是誰？是追逐慾望的小雞（性格慣性），還是渴望自由的老鷹（真我）。九型人格清楚地指出九種性格慣性，並且告訴我們破解性格慣性的有效辦法。

我的Enneagram經驗

因為從小就對神秘學與心理學等探索自我的領域非常感興趣，我接觸過不少幫助心靈成長的學派。我個人認為，九型人格是其中最強大的自我探索工具。

九型人格對人性的驗證結果讓我折服；它幫助心靈成長的神奇效果，更讓我願意傾終身的力量投入研究並致力教學與諮詢的工作。

九型人格詳細闡述了九種性格類型（也可以說是九種自我），將九種性格慣性中的情緒反應、行為表現、以及思考模式做了非常完整而且細膩的敘述。同時，更清楚地解釋性格慣性的發展過程，讓我們看見自己的性格究竟是如何形成的，又有哪些內心的恐懼扭曲了我們的性格，驅使我們不得不為了安撫恐懼而像雞群一般，一生只顧埋頭覓食。

　　然而，認識自己，只是九型人格送給我們的第一份禮物。九型人格的終極目的，是要幫助我們階段性地進行心靈轉化工作，以恢復性格均衡的健康狀態。九型人格主張，如果能夠遵循特定的性格發展方向來進行心靈轉化，這樣的效果，會比個人自我摸索修行，來得有效而快速。而這也正是本書的撰寫重點。

　　近年來，九型人格在歐美與兩岸三地相當流行，主要應用在職場人際與愛情家庭方面。我也曾經出版九型愛情與職場等相關書籍，主題演講更是受到普羅大眾的歡迎。不過，我個人強烈推崇九型人格，主要還是因為它對心靈成長的幫助大過對其他人際領域的幫助。

　　九型人格讓我看見自我性格之外的自己，原來，我也是一隻展翅遨翔的老鷹！

　　僅以此書獻給曾經幫助我人生成長的所有人。
　　不論你為我的生命帶來的是歡笑還是淚水，
　　我都由衷地感激你，並深深為你祝福。

　　　　　　　　　　　　　　　　　　　　揚芬
　　　　　　　　　　　　　　　　　　　　于大安森林——心靈香契
　　　　　　　　　　　　　　　　　　　　2009/12/8

出發前的準備

我們都是性格牢籠的囚犯

　　很久很久以前的伊斯蘭世界，有一位善良的鐵匠被人誣陷入獄，從此在暗無天日的監牢裡悽慘度日。不久，鐵匠的妻子送來一條她親手編織的地毯，說是要給鐵匠每日祈禱時跪拜所用。於是，鐵匠非常虔誠地早晚跪在地毯上禱告，直到有一天，他終於發現了隱藏在地毯中的祕密⋯⋯

　　原來，鐵匠經過多年跪在地毯上反覆膜拜與靜心禱告後，他才驚覺，地毯上的圖案竟是監牢大鎖的構造圖！親愛的妻子早已經把逃出監牢的祕密告訴他，而他每日誠心跪在地毯上禱告，祈求能夠早日離開監牢，但對於明白擺在眼前的「逃獄密碼」卻視而不見。

　　發現了逃離監牢的祕密後，接下來，鐵匠需要的是逃獄的工具——開啟監牢大鎖的鑰匙。為了能夠順利打造這把鑰匙，鎖匠開始與獄卒交好，並努力說服獄卒加入他的逃獄計畫。因為，不管是犯人還是獄卒，每天都一定得待在這座冰冷的監牢裡，毫無自由可言；唯有離開這裡，才會有更美好的人生。

　　經過無數次的討論後，兩人決定了一個縝密的逃獄計畫：

　　・賺取足夠的逃獄基金：由獄卒每日帶一些金屬給鐵匠，鐵匠利用巧手製做出精美用品後，再由獄卒外出販賣獲利，以購買打造鑰匙所需要的工具與其他開支。

．在眾多金屬中，鐵匠挑選一個最適合的金屬來打造監牢大鎖的鑰匙。

就在數不清的日子過去後的某一夜，鎖匠與獄卒終於一起逃離了監牢，從此與妻子、家人、朋友們過著幸福快樂的日子。離開監牢時，鎖匠特意把那張藏有大鎖構造圖的地毯留下，他希望下一位囚犯也能夠看到地毯裡的祕密而逃出牢籠。

每一位學習九型人格的朋友一定都會讀到這則來自蘇非教的寓言，因為這個故事揭露了學習九型人格的過程。

我們都是性格牢籠的因犯：「性格」是監牢大鎖；「九型人格」是那張藏有大鎖構造圖的地毯；而「自我覺察與放下」則是幫助我們逃出監牢的鑰匙。只有看清楚監牢大鎖（性格）的構造，我們才能夠打造開啟監牢大鎖的鑰匙（自我覺察與放下）。

現在，幫助我們看清性格構造的「九型人格」已經在我們的眼前，這本書要談的是，我們如何根據「九型人格」來打造一把——每一個人不同的——開啟性格牢籠的鑰匙，幫助我們通過心靈成長的五個重要關卡！

【性格題測】找出你的性格枷鎖

不願面對的真相

　　每次幫學員進行性格測驗之前，我都會半開玩笑地提醒大家，「自我性格」往往是每個人不願面對的真相。九型人格所揭露的自我，通常比我們認識的自己還要多得多，甚至除去某些我們喜歡的特質之外，有某些特質是我們不願意承認的。也因此，每一期課程中總有幾位學員跟我反應，性格測驗是很準，但他們很不喜歡這樣的自己，如果可以，他們想要變成另外一種人。

　　的確，九型人格偏重描述每一種性格類型中比較「不健康」的特質，因為，這正是我們容易「出狀況」的地方。因為性格影響而重複做出錯誤決定的地方，也是比較容易自我觀察到或被別人批評的地方。

　　所以，九型人格的性格題測比較著重在負面的特質描述，正面特質的比例比較少。因此，如果你覺得性格測驗無法有效檢測出你的性格類型，可能的原因有三：

1. 恭喜你！表示你的性格發展很均衡，沒有某一種性格類型遭到過度的扭曲。
2. 你可能還不夠瞭解自己。建議平日多多自我觀察，看看自己是否一直在重複某種讓自己後悔或讓人家不愉快的行為。
3. 自我性格的阻撓。每一個人的心中都有一個「自我意識」，

甚至是「美化的自我」，進而主觀的認定「我是這個樣子，我不是那個樣子」。因此，當我們想要剝開「自我意識」的外殼時，自我性格便會出來阻撓，不希望我們發現性格的真相。

找到性格枷鎖只是第一步

正如蘇非寓言中的鎖匠，看清地毯上編織的圖案（性格枷鎖），是為了方便製作開啟性格枷鎖的鑰匙，以達到從性格牢籠解脫的目的。我們學習九型人格，絕不只是為了找到自己的性格類型而已，而是要透過認識自我性格類型，學習如何放下性格的掌握，讓心靈獲得真正的自由與平靜。

敞開心門，誠實地面對自己的優點與缺點，是找到自我性格類型的首要條件。一旦經歷了對自己誠實的自我探索過程，你終將發現自我性格的真相，而那時的你，已經準備好展開更深層的心靈探訪旅程了。

「性格題測」的遊戲規則

・基本上，一個人的性格類型並不會改變。即使在人生中遭逢挫折或自我成長，也只會讓性格發展成為不健康或健康的層次；或暫時呈現出某一特定性格類型的特質。

・不必拘泥於某幾個文字，只要「感覺上是我」就可以了。但

是，請不要以「我希望我可以這樣做……」或「我應該這樣做……」來作答，而是「我真的這麼做了……」。

- 不必花時間「模擬」所有的狀況，只要該敘述呈現了你過去對事情的反應或現在的態度即可。

- 掌握該性格類型的精神，不要只著重在某幾項特質。例如：第四型人具有藝術家的氣質，但不要只因為你認為自己具有藝術家的氣質就把自己歸於第四型，必須考量第四型所展現出來的整體氣質與你是否相符。

- 注意那些特別吸引你或你特別反感的性格類型，那很可能就是你的性格類型。因為，人們往往不是過度自我欣賞，就是過度自我批判。

- 如果你已經進行身心靈成長功課一段時間，請盡量以展開心靈修習前的你來作答。因為，那時候的性格掌控力比較明顯，會比較容易測出你的性格類型。

- 不管測出屬於哪一種性格類型，你多多少少都擁有其他八種性格類型的特質。所以，不必羨慕別人的性格，更不需怨嘆自己為什麼是這種人。你是哪種性格類型並不重要，重要的是，你如何保持該性格類型的最佳狀態，並且達到九種性格類型發展均衡的境界。

- 性格測驗不是找到自我性格類型的唯一方式；你也可以透過閱

讀相關性格類型敘述，以自我驗證或親友鑑定的方式，來確認
自己的性格類型。

建議：先做「快速性格題測」，再做「深度性格題測」確認。

快速性格題測

　　下面是依據「The Enneagram─九型人格」理論所設計出的一個非常簡單卻相當精準的性格遊戲。請以輕鬆但盡量誠實的態度來進行吧！

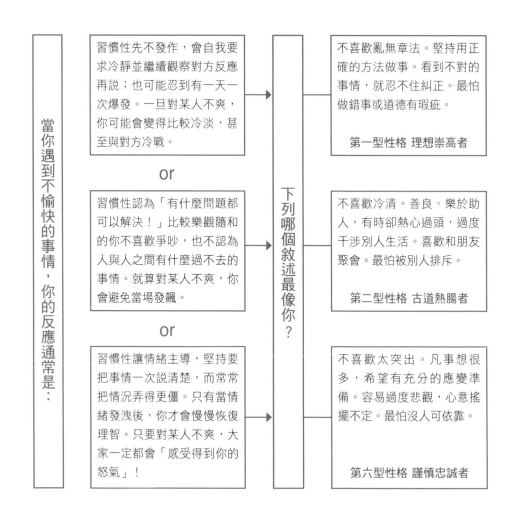

當你遇到不愉快的事情，你的反應通常是：

習慣性先不發作，會自我要求冷靜並繼續觀察對方反應再說；也可能忍到有一天一次爆發。一旦對某人不爽，你可能會變得比較冷淡，甚至與對方冷戰。

or

習慣性認為「有什麼問題都可以解決！」比較樂觀隨和的你不喜歡爭吵，也不認為人與人之間有什麼過不去的事情。就算對某人不爽，你會避免當場發飆。

or

習慣性讓情緒主導，堅持要把事情一次說清楚，而常常把情況弄得更僵。只有當情緒發洩後，你才會慢慢恢復理智。只要對某人不爽，大家一定都會「感受得到你的怒氣」！

下列哪個敘述最像你？

不喜歡亂無章法。堅持用正確的方法做事。看到不對的事情，就忍不住糾正。最怕做錯事或道德有瑕疵。

第一型性格 理想崇高者

不喜歡冷清。善良、樂於助人，有時卻熱心過頭，過度干涉別人生活。喜歡和朋友聚會。最怕被別人排斥。

第二型性格 古道熱腸者

不喜歡太突出。凡事想很多，希望有充分的應變準備。容易過度悲觀，心意搖擺不定。最怕沒人可依靠。

第六型性格 謹慎忠誠者

or

不喜歡默默無聞。樂於努力工作以賺取相對的報酬，強調有效率與成功者的形象。最怕比輸人家。

第三型性格 成功追求者

or

不喜歡依賴他人。熱中心智思考，善觀察並有收集特定事物的習慣。對自我空間特別在意，最怕被臨時打擾。

第五型性格 博學多聞者

or

不喜歡受限制。容易衝動行事，勇於嘗試新鮮事物。多采多姿的新活動是他生活動力的來源。最怕無聊。

第七型性格 勇於嘗新者

or

不喜歡衝突緊張。有時太過順應他人而顯得缺乏主見。嚮往與世無爭的生活，最怕被要求改變。

第九型性格 嚮往和平者

or

不喜歡軟弱無能。很有主見與意志力，喜歡路見不平，有時卻太獨斷固執，過度想掌控局面。最怕被別人管。

第八型性格 天生領導者

or

不喜歡沒有個人特色。努力透過美的事物來表達自己，浪漫且情緒多變，不切實際的期待。最怕被拋棄。

第四型性格 個人風格者

也許，你可能的性格類型不止一個，建議繼續下列的深度題測，勇敢且坦誠地探索性格的真相！

深度性格題測

如果，你始終無法確定自己的性格類型，

請不要氣餒或放棄！

也許，這意味著你應該多觀察自我的感受與動機。

每個人或多或少都擁有九種性格類型的特質，

但是，一定有一個是你最主要的性格類型，

而那通常是你題測得分最高的性格類型。

所以，

你也可以將下列每一種性格類型的題測都做做看，

哪一個得分最高，

那很可能就是你的性格密碼！

第一型性格

請細讀下列10個敘述題,並評估是否與自己的個性相合。

● 給分方式

我很少這樣──0分　我有時這樣──1分　我常常這樣──2分

(測驗題)

1 我總是要求自己做事不出錯;我討厭犯錯的感覺。

　　□我很少這樣　　□我有時這樣　　□我常常這樣

2 我是一個很講求原則的人。

　　□我很少這樣　　□我有時這樣　　□我常常這樣

3 許多事我不放心交給別人去做。所以,我常常做了比我原本該做的多得多。

　　□我很少這樣　　□我有時這樣　　□我常常這樣

4 我覺得是非一定要分明;我最討厭想模糊錯誤的藉口。

　　□我很少這樣　　□我有時這樣　　□我常常這樣

5 大多數人認為我是一個認真負責、理性有內涵、追求完美的人。

　　□我很少這樣　　□我有時這樣　　□我常常這樣

6 我有強烈的使命感,我相信我可以為世界做點事情。

　　□我很少這樣　　□我有時這樣　　□我常常這樣

7 我也有不理性的時候，甚至會有反叛世俗的想法。但基本上，
我是一個憑良心做事的人。

☐我很少這樣　☐我有時這樣　☐我常常這樣

8 我不明白為什麼有些人的自我要求那麼低。

☐我很少這樣　☐我有時這樣　☐我常常這樣

9 我也想和別人一樣可以很快地放鬆自己。

☐我很少這樣　☐我有時這樣　☐我常常這樣

10 很多事都需要我處理；我必須比別人更有組織力、更有辦法。

☐我很少這樣　☐我有時這樣　☐我常常這樣

結果

5分以下	你可能不是第一型性格的人。 （建議：請再做一次「快速性格題測」）
6～15分	你擁有第一型性格的特質。 （建議：請做「第三型性格」與「第五型性格」的 「深度性格題測」）
16～20分	你可能是第一型性格的人。

第二型性格

請細讀下列10個敘述題，並評估是否與自己的個性相合。

●給分方式

我很少這樣──0分　我有時這樣──1分　我常常這樣──2分

測驗題

1 有些人覺得我是一個大善人，其實，我知道自己的缺點，所以，我並不認為自己有那麼好。

　　□我很少這樣　　□我有時這樣　　□我常常這樣

2 我不會把給別人的恩惠掛在嘴上，但如果那個人並未注意或不在乎我為他所做的一切，這會讓我有點悶。

　　□我很少這樣　　□我有時這樣　　□我常常這樣

3 我很關心我的朋友；我有不少的親密好朋友，隨便數數至少有五個以上。

　　□我很少這樣　　□我有時這樣　　□我常常這樣

4 如果有人一開始對我並不在意，我發現，我會想以關懷去「收服」他。

　　□我很少這樣　　□我有時這樣　　□我常常這樣

5 我很容易與人交談、成為朋友。

　　□我很少這樣　　□我有時這樣　　□我常常這樣

6 我不會當面對人說出我對他的不滿，我通常轉向第三者抱怨。

　　□我很少這樣　　□我有時這樣　　□我常常這樣

7 我是一個處處為人著想，並以實際行動展現慷慨大方的人；我很高興自己這樣做。

　　□我很少這樣　　□我有時這樣　　□我常常這樣

8 我喜歡與家人或朋友們相聚，尤其當他們跑來找我訴苦或求助，更讓我覺得自己有價值。

　　□我很少這樣　　□我有時這樣　　□我常常這樣

9 我生命中重要的人知道我有多在乎他們、以及我願意為他們做任何事，對我來說，這是非常重要的。

　　□我很少這樣　　□我有時這樣　　□我常常這樣

10 我很樂意被大家所需要。誰不是這樣呢？

　　□我很少這樣　　□我有時這樣　　□我常常這樣

結果

5分以下　　你可能不是第二型性格的人。
　　　　　　（建議：請再做一次「快速性格題測」）

6～15分　　你擁有第二型性格的特質。
　　　　　　（建議：請做「第七型性格」以及「第九型性格」的「深度性格題測」）

16～20分　　你可能是第二型性格的人。

第三型性格

請細讀下列10個敘述題，並評估是否與自己的個性相合。

● 給分方式

我很少這樣──0分　我有時這樣──1分　我常常這樣──2分

測驗題

1 我不喜歡「無事可努力」的不踏實感。

　　□我很少這樣　　□我有時這樣　　□我常常這樣

2 有些人只是不表現出來，但我看得出他們其實是羨慕我的。

　　□我很少這樣　　□我有時這樣　　□我常常這樣

3 我很擅長掩飾我的情緒，一般人很難看穿我內心真正的感受。

　　□我很少這樣　　□我有時這樣　　□我常常這樣

4 當計畫進行不如預期，應該馬上改變策略，達到目標是唯一的
考慮，不管要付出什麼代價。

　　□我很少這樣　　□我有時這樣　　□我常常這樣

5 在別人眼中我是個工作狂。的確，我完成的愈多、成就感愈
大；成就感愈大，我就做得更多！

　　□我很少這樣　　□我有時這樣　　□我常常這樣

6 我希望在各方面都能表現出色稱職;我不會讓自己表現效率低或能力差。

　　□我很少這樣　　□我有時這樣　　□我常常這樣

7 我盡量呈現出自己最好的一面。誰不是這樣呢?

　　□我很少這樣　　□我有時這樣　　□我常常這樣

8 當我覺得沒有安全感時,我的態度會相當冷淡。

　　□我很少這樣　　□我有時這樣　　□我常常這樣

9 我希望給別人良好的印象,所以,我通常表現得很有風度,不會與人正面衝突。

　　□我很少這樣　　□我有時這樣　　□我常常這樣

10 我常常不自覺地想跟別人比較。

　　□我很少這樣　　□我有時這樣　　□我常常這樣

結果

5分以下	你可能不是第三型性格的人。 (建議:請再做一次「快速性格題測」)
6～15分	你擁有第三型性格的特質。 (建議:請做「第一型性格」以及「第五型性格」的「深度性格題測」)
16～20分	你可能是第三型性格的人。

第四型性格

請細讀下列10個敘述題，並評估是否與自己的個性相合。

●給分方式

我很少這樣──0分　我有時這樣──1分　我常常這樣──2分

1 我傾向憑我的直覺或感覺做出決定。

□我很少這樣　□我有時這樣　□我常常這樣

2 我深信我應該對自己誠實，盡量從人性角度思考；我總是要求自己不造作、展現真實的自我。

□我很少這樣　□我有時這樣　□我常常這樣

3 若某件事情無法照著我的構想進行，我會很難投入。

□我很少這樣　□我有時這樣　□我常常這樣

4 我在心裡創造出一個想像的世界。雖然一切都是虛構，但對我卻相當真實，甚至還會有如劇情般的演出。

□我很少這樣　□我有時這樣　□我常常這樣

5 我不想做帶領別人前進的人；但是，我也不想是追隨者。

□我很少這樣　□我有時這樣　□我常常這樣

6 我覺得人生苦多於樂，許多時候是很乏味的。

　　□我很少這樣　　□我有時這樣　　□我常常這樣

7 我不喜歡與人在工作上互動太頻繁或太親近。

　　□我很少這樣　　□我有時這樣　　□我常常這樣

8 我最不能忍受被誤解。當我被誤解，我會一個人躲起來生悶氣。

　　□我很少這樣　　□我有時這樣　　□我常常這樣

9 找到自我、而且真誠面對自己的感覺，一直是我生命中非常重要的動力。

　　□我很少這樣　　□我有時這樣　　□我常常這樣

10 我最無法忍受低俗的品味。

　　□我很少這樣　　□我有時這樣　　□我常常這樣

結果

5分以下　　你可能不是第四型性格的人。

　　　　　（建議：請再做一次「快速性格題測」）

6～15分　　你擁有第四型性格的特質。

　　　　　（建議：請做「第六型性格」以及「第八型性格」的

　　　　　「深度性格題測」）

16～20分　　你可能是第四型性格的人。

第五型性格

請細讀下列10個敘述題，並評估是否與自己的個性相合。

● 給分方式

我很少這樣──0分　我有時這樣──1分　我常常這樣──2分

測驗題

1 我認為，心智活動是人類所能從事的活動中最令人興奮的一種。

　　□我很少這樣　□我有時這樣　□我常常這樣

2 當你認真地去觀察這個世界，你會發現，很多看起來理所當然的事情其實並非如此。

　　□我很少這樣　□我有時這樣　□我常常這樣

3 遇到問題時，我通常傾向自己解決。

　　□我很少這樣　□我有時這樣　□我常常這樣

4 世上白目的人不少，令我驚訝的是，所有事情居然還能夠運作自如！

　　□我很少這樣　□我有時這樣　□我常常這樣

5 我有一些從沒對任何人說過的想法。那些想法也許很怪，甚至有點嚇人，但那就是我所觀察到的世界。

　　□我很少這樣　　□我有時這樣　　□我常常這樣

6 我懂很多事情，在某些領域裡，我絕對有資格稱得上是專家。

　　□我很少這樣　　□我有時這樣　　□我常常這樣

7 我喜歡找出事情背後的原理，並且直到我完全瞭解才甘休。

　　□我很少這樣　　□我有時這樣　　□我常常這樣

8 我十分專注在我所做的事情上，因此常常忘了時間。

　　□我很少這樣　　□我有時這樣　　□我常常這樣

9 我是一個重視隱私的人，所以我不會與人太親近。

　　□我很少這樣　　□我有時這樣　　□我常常這樣

10 我盡量保持低調。我最怕那種侵略性強、很情緒化的人。

　　□我很少這樣　　□我有時這樣　　□我常常這樣

結果

5分以下　　　你可能不是第五型性格的人。
　　　　　　（建議：請再做一次「快速性格題測」）

6～15分　　　你擁有第五型性格的特質。
　　　　　　（建議：請做「第一型性格」以及「第三型性格」的
　　　　　　「深度性格題測」）

16～20分　　　你可能是第五型性格的人。

第六型性格

請細讀下列10個敘述題,並評估是否與自己的個性相合。

● 給分方式

我很少這樣——0分　我有時這樣——1分　我常常這樣——2分

測驗題

1 雖然我曾經成功地完成不少工作,但是,我仍然會懷疑自己的能力。

　　□我很少這樣　　□我有時這樣　　□我常常這樣

2 當我要做一個重大決定時,我會請我信任的人提供意見。

　　□我很少這樣　　□我有時這樣　　□我常常這樣

3 必要時,我的態度可以變得很強硬,但在內心深處,我並不是那麼堅強。

　　□我很少這樣　　□我有時這樣　　□我常常這樣

4 我不喜歡做重大的決定,但我也絕不會讓別人幫我做決定!

　　□我很少這樣　　□我有時這樣　　□我常常這樣

5 當別人對我友善時,我通常會比較信任他。

　　□我很少這樣　　□我有時這樣　　□我常常這樣

6 我不見得會遵守規則,但是,我必須知道有哪些規則。

　　□我很少這樣　　□我有時這樣　　□我常常這樣

7 我是一個認真工作的人,工作沒有完成,我無法放鬆。

　　□我很少這樣　　□我有時這樣　　□我常常這樣

8 大家都說我想太多,那是因為他們根本不瞭解真實的情況!

　　□我很少這樣　　□我有時這樣　　□我常常這樣

9 我就是沒有辦法不去想那些可能出現的壞狀況。

　　□我很少這樣　　□我有時這樣　　□我常常這樣

10 我對權威並不完全認同;但遇到麻煩時,我會想依附在強有力
的人或體制下,這樣感覺比較安心。

　　□我很少這樣　　□我有時這樣　　□我常常這樣

結果

5分以下　　　你可能不是第六型性格的人。
　　　　　　　(建議:請再做一次「快速性格題測」)

6～15分　　　你擁有第六型性格的特質。
　　　　　　　(建議:請做「第四型性格」以及「第八型性格」的
　　　　　　　「深度性格題測」)

16～20分　　　你可能是第六型性格的人。

第七型性格

請細讀下列10個敘述題,並評估是否與自己的個性相合。

● 給分方式

我很少這樣──0分　我有時這樣──1分　我常常這樣──2分

測驗題

1 跟一般人比起來,我算得上是一個多才多藝的人;我對很多事情都非常感興趣。

　　□我很少這樣　□我有時這樣　□我常常這樣

2 遇到挫折,我總是很快就能站起來。

　　□我很少這樣　□我有時這樣　□我常常這樣

3 我喜歡充實的人生,我的行程總是滿檔。

　　□我很少這樣　□我有時這樣　□我常常這樣

4 「一心多用」是我一個很大的問題。

　　□我很少這樣　□我有時這樣　□我常常這樣

5 我的計畫總比我完成的事情多得多。

　　□我很少這樣　□我有時這樣　□我常常這樣

6 我不太喜歡和心情沮喪的朋友碰面，我會覺得壓力很大，很想趕快結束這種氣氛。

　□我很少這樣　□我有時這樣　□我常常這樣

7 我無法忍受無趣的生活；我通常不會讓自己無聊。

　□我很少這樣　□我有時這樣　□我常常這樣

8 我是一個掌握大方向的人，而不是去注意枝微末節的小事。

　□我很少這樣　□我有時這樣　□我常常這樣

9 我常常多付了原本不該我付的錢。

　□我很少這樣　□我有時這樣　□我常常這樣

10 當我不再覺得做某件事有樂趣時，我便不會再做。

　□我很少這樣　□我有時這樣　□我常常這樣

結果

5分以下　　你可能不是第七型性格的人。
　　　　　（建議：請再做一次「快速性格題測」）

6～15分　　你擁有第七型性格的特質。
　　　　　（建議：請做「第二型性格」以及「第九性格」的「深度性格題測」）

16～20分　你可能是第七型性格的人。

第八型性格

請細讀下列10個敘述題，並評估是否與自己的個性相合。

● 給分方式

我很少這樣──0分　我有時這樣──1分　我常常這樣──2分

1 當我看到不公平的事情，我通常會忍不住衝出去主持正義。

　　□我很少這樣　　□我有時這樣　　□我常常這樣

2 我的脾氣火爆，來得快、去得也快。

　　□我很少這樣　　□我有時這樣　　□我常常這樣

3 人們總提醒我要控制一下自己，天知道，我已經很收斂了！

　　□我很少這樣　　□我有時這樣　　□我常常這樣

4 我從不輕易動搖或退縮，我自認是一個意志堅定的人。

　　□我很少這樣　　□我有時這樣　　□我常常這樣

5 我知道如何獲取自己想要的；我很擅長激勵人群幫我工作。

　　□我很少這樣　　□我有時這樣　　□我常常這樣

6 即使我的直言會傷害別人，我仍然不會隱瞞我對事情的看法。

　　□我很少這樣　　□我有時這樣　　□我常常這樣

7 我最喜歡挑戰不可能任務，那讓我感到強烈滿足感與生命力！

　　□我很少這樣　□我有時這樣　□我常常這樣

8 我一點都不同情軟弱又猶豫不決的人。他們失敗是必然的。

　　□我很少這樣　□我有時這樣　□我常常這樣

9 我的內心深處也有柔軟的一面，只是很少人知道。

　　□我很少這樣　□我有時這樣　□我常常這樣

10 競爭下一定有輸贏，但是我絕不會是那個認輸的人！

　　□我很少這樣　□我有時這樣　□我常常這樣

結果

5分以下　　你可能不是第八型性格的人。

　　　　　（建議：請再做一次「快速性格題測」）

6～15分　　你擁有第八型性格的特質。

　　　　　（建議：請做「第四型性格」以及「第六型性格」的
　　　　　「深度性格題測」）

16～20分　　你可能是第八型性格的人。

第九型性格

請細讀下列10個敘述題，並評估是否與自己的個性相合。

● 給分方式

我很少這樣——0分　我有時這樣——1分　我常常這樣——2分

測驗題

1 我的個性比較平穩，不像大多數人很容易產生情緒。

　　□我很少這樣　　□我有時這樣　　□我常常這樣

2 大家都說我是一個很好的聽眾，其實，很多時候我並不專心。

　　□我很少這樣　　□我有時這樣　　□我常常這樣

3 有些人說我的記憶力不好；其實，那些事我根本不想去想，因為那讓我感到不舒服。

　　□我很少這樣　　□我有時這樣　　□我常常這樣

4 我會很認真地完成工作，但是，我也知道如何調適壓力。

　　□我很少這樣　　□我有時這樣　　□我常常這樣

5 我不介意與人共處，一人獨處我也OK，只要我能保有內心的平靜就好。

　　□我很少這樣　　□我有時這樣　　□我常常這樣

6 我瞭解每個人都有自己的看法，所以我很少推翻別人的想法。

　　□我很少這樣　□我有時這樣　□我常常這樣

7 我們無法改變已經發生的事實，所以有些問題還是不要去想它比較好。

　　□我很少這樣　□我有時這樣　□我常常這樣

8 我很習慣目前穩定的生活方式，我不會想去多做改變。

　　□我很少這樣　□我有時這樣　□我常常這樣

9 朋友們覺得和我在一起很自在、很有安全感。

　　□我很少這樣　□我有時這樣　□我常常這樣

10 我寧願讓步，也不願因爭執而成為眾人注目的焦點。

　　□我很少這樣　□我有時這樣　□我常常這樣

結果

5分以下　　你可能不是第九型性格的人。
　　　　　（建議：請再做一次「快速性格題測」）

6～15分　　你擁有第九型性格的特質。
　　　　　（建議：請做「第二型性格」以及「第七型性格」的「深度性格題測」）

16～20分　你可能是第九型性格的人。

發現心靈的藏寶圖

第一型 理想崇高者

性格枷鎖

性格盲點　看不見「每個人的感受力是完整的，同時包含正面與負面」。

性格迷思　以為「每個人都應該表現出合乎規定與法治的行為。個人的喜好與感受並不是最重要的；不合規範的行為或一己私好的衝動，都應該受到批判與懲罰」。

性格慣性　自我要求要表現出高尚的情操與行為、做事負責有良知、以父母與師長教導的方式去做事情；心中有一個崇高的道德標準，強烈約束自己要嚴守紀律。

執著點　是非要分清楚。不正確的事情應該要被制止與改正。個人好惡應該要放在一邊，只有依循規定與責任才是最重要。第一型人隨時在衡量自己與別人的行為是否合乎他內心認定的標準；只要不符合，自覺有責任去糾正。別人的標準都太低，只有自己的標準才是正確無誤。第一型人對於自認為正確的價值，通常會不妥協地捍衛到底；而且傾向把自己相信的真理，貫徹到周圍的人身上。

黑暗點 害怕犯錯又害怕失控，第一型人害怕自己踰越份際而做出不該做的事。為了不讓錯誤發生，他只好事必躬親。然而，「為什麼我要做得比別人多？」的不滿，因為長期自我壓抑而成為憤怒；內心的緊張與忿忿不平，讓第一型人的性格逐漸扭曲。

沮喪點 被自我批判擊垮，無法適時紓解隨之而來的緊張感與焦慮感。被過多的責任壓得喘不過氣；不明白為什麼別人總是可以任性而為，自己卻要幫忙收拾爛攤子。

引爆點 不公平、不負責任或錯誤的行為，都會讓第一型人看不下去而忍不住出面制止。而當自己被不公平的批評或得為別人收拾殘局時，更會讓第一型人抓狂。

開鎖關鍵

性格金鑰 每個人都有與生俱來的價值，不應該只依某個對錯標準，來評斷一個人是否該受到尊重。

金鑰密碼 條條大路通羅馬；做好事情的方式絕對不止一種。追求不人性的完美是第一型人的心靈魔咒；學習接受人性中的不完美，正是第一型人掙脫性格牢籠的關鍵。

後援部隊 不要批評第一型人哪裡做錯了，這只會讓他關閉心房，跳入爭辯的戰場。多多鼓勵第一型人放輕鬆，偶爾放縱自己，並不會造成無法補救的錯誤。提醒他，生而為人就應當享受做人的樂趣，偶爾出錯，偶爾偷懶，而不是凡事都非得要「零故障」。

第二型 **古道熱腸者**

性格枷鎖

性格盲點 看不見「每個人都應當受到平等對待；別人並沒有比自己重要」。

性格迷思 以為「要從別人那兒獲得什麼，自己必須先有所付出；想要被大家喜愛，首先必須被別人需要。要為別人著想，自私的人沒有朋友」。

性格慣性 透過滿足別人的需要，以獲取自己想要的感覺或結果；期待別人也如自己一樣，會關心彼此的感受與需要。深信能給予就是一種滿足，甚至有一股潛在的優越感。

執 著 點 成為別人生活中不可或缺的同伴或幫手。尤其是第二型關心的人，他會更無微不至地照顧對方，想辦法融入對方的生活。第二型人對別人的需要，不管是情緒或實際事物，都非常敏銳；而他釋出善意的方式也往往是由小處著手，讓別人感到窩心不已。第二型人很懂得抓住對方「要害」而施恩；也很懂得不著痕跡地取悅重要人物，讓自己成為具有影響力的左右手。

黑暗點 害怕不被需要又害怕不被感激，第二型人害怕成為被大家排斥在外的孤鳥。為了讓大家都需要自己，第二型人會廣結善緣，舉手之勞、大方讚美別人、送送貼心小禮物、節日問候、定期聚會……讓第二型人總是在人群之中忙得不亦樂乎。然而，當第二型人發現自己沒有受到適當的感激時，壓抑許久的不滿情緒讓他轉向第三者訴苦抱怨，但為了維護好人的形象，他還是會不甘心地對不知感恩圖報的人繼續付出，造成第二型人的性格逐漸扭曲。

沮喪點 被別人過多的需要淹沒，內心的自我終於忍不住而反動，讓第二型人開始對自己一直沒有被滿足的需要感到疑惑，埋怨別人都不懂得回報。

引爆點 沒有被感激或沒有被重視，都會讓第二型人覺得被占便宜而暗自生氣；尤其當自己開口索求又被拒絕時，第二型人很可能會搖身一變從小天使變成暴君。

開鎖關鍵

性格金鑰 每個人都擁有值得被深深喜愛的個人特質,而不是依照他付出的多寡來決定被喜愛的程度。

金鑰密碼 愛別人之前要先懂得愛自己;為了取悅別人而一味地壓抑自己,所換來的愛也絕非真愛。無法不去填補別人的需求是第二型人的心靈魔咒,學習設下付出的底線,不僅是尊重別人也是愛惜自己,這才是第二型人掙脫性格牢籠的關鍵。

後援部隊 不要苛責第二型人應該多為別人設想,這只會讓他內心的怨恨更多而排斥你的建議,因為他自認已經付出太多卻都沒有回報。不妨把注意力放在他的埋怨上,鼓勵他說出內心的需要。很多第二型人光是把需要說出來,心情就已經好一大半了。

第三型 成功追求者

性格枷鎖

性格盲點 看不見「世上萬物都是按照宇宙的定理以自己應有的步調在運作與完成」。

性格迷思 以為「不拚命努力,什麼事都不會完成;自我價值來自於個人的成功,而非對自己誠實。個人的感受並不重要,專心達成目標才能夠成功;成功才有價值」。

性格慣性 一心想藉由優越表現以贏得別人的肯定,凡事都想超越別人。成功、名聲、財富、形象是第三型人的精力來源,也是奮鬥的最大的動力。

執著點 如何勝過別人,如何完成所有的任務,如何成為最頂尖的高手;光是達到目的還不夠,第三型人還要求速度與效率。對於所有能增加自我價值的活動,第三型人都會全力以赴而且樂此不疲。默默無聞與漫無目的是第三型人的惡夢;只有積極地尋找出頭的機會,自己才有可能讓別人讚賞與羨慕。第三型人是活在別人的價值當中,只是他自己並不知道。

黑暗點 害怕丟臉又害怕失敗，第三型人害怕任何會阻礙他追求目標的人事物，包括感情與家庭。為了不受影響，第三型人通常把會先將私務暫放一旁，甚至完全不理會，而專注任務的達成。然而，「空洞感」仍會在第三型人停下腳步喘氣的時候浮上心頭，害怕被看穿、被嘲笑的恐懼會更嚴重的鞭策第三型人，讓第三型人的性格逐漸扭曲。

沮喪點 當為了成功而犧牲生活中其他的人事物時，別人的埋怨、不滿或不重視，會讓第三型人產生「我這麼拚命究竟為了什麼？」的疑惑，甚至為自己的付出感到不值。

引爆點 當成功在望，卻被其他人事物所破壞，這是第三型人難以忍受的挫折；或當表現不好而被批評時，第三型人也很容易惱羞成怒。

開鎖關鍵

性格金鑰 每個人的價值來自於自我本身而非身外之物；做好你自己，不要管別人怎麼想。

金鑰密碼 自我膨脹不會贏得別人的尊重，只會蒙蔽自己的雙眼。渴望被別人肯定是第三型人的心靈魔咒，學習不受外在事物的影響而找到自我價值，才是第三型人掙脫性格牢籠的關鍵。

後援部隊 當第三型人對你吐露內心的脆弱或真實感覺時，不要嘲弄他，這會讓他立即戴上高傲的面具。鼓勵他站在情感與不帶利害關係的角度去思考，什麼事物對他才是真正最重要。

第四型 個人風格者

性格枷鎖

性格盲點 看不見「每個人的感受力都是整體的,而非專注在負面情緒」。

性格迷思 以為「每個人都曾經遭逢某種心靈上的挫折與損失,造成人們天生就是不完整、有瑕疵。但是,許多人看不清這個真相,自己只能躲在角落孤獨地承受這些不完美,並設法尋回完整自我」。

性格慣性 一心想找回自己所欠缺的事情,渴望感受自己是被愛的,而且真實地存在;對於別人有而自己沒有的東西,特別渴望,甚至產生強烈的嫉妒心。

執著點 釐清自己的情緒與感受,探究事物最真實動人的一面。想要透過挖掘與表達自我,來找到真愛、找到生命的意義、讓自己變得完整。對於強烈的感情糾葛、具戲劇化張力的情境,尤其對於那些擁有自己想要特質的人事物,特別感到難以抗拒。第四型人常常覺得自己與周圍的世界格格不入,並且因為自認的缺點而感到自卑;然而,在自卑情結下, 一種乾脆讓自己與

眾不同的自傲心理便逐漸形成。

黑暗點 害怕被拒絕又害怕被忽略,第四型人害怕自己也變成膚淺的世俗大眾。為了不讓內在的瑕疵被別人發現,他只好戴上神秘的面紗,跟別人保持距離。然而,「沒人瞭解我!」的惆悵轉變成被拋棄的痛苦;對自己所欠缺的事物渴望與對別人強烈的嫉妒心,讓第四型人的性格逐漸扭曲。

沮喪點 對別人不合實際的夢幻破滅,怪罪別人為何不能做到如自己所預期的理想狀態;發現自己永遠得不到自己一直想要的事物,而責怪自己沒有好好把握機會。

引爆點 不誠懇、不真實的行為,都會讓第四型人難以忍受而不屑與之為伍;而當自己被錯誤的解讀或遭逢欺騙背叛,更會讓第四型人活在憤恨難消的往事當中。

開鎖關鍵

性格金鑰 每個人都是完整而且被愛的;和別人建立某種關係,
是「找到自己」的有效方式。

金鑰密碼 我們的意念建構我們的生活,自信與自尊只有在正面
的意念中才能夠發展。自憐與自我打擊是第四型人的
心靈魔咒,學習把自己放在好的一面,去做一些對自
己有益的事情,才是第四型人掙脫性格牢籠的關鍵。

後援部隊 不要告訴第四型人一切會過去或想改變他悲觀的態
度,這只會更讓他覺得沒有人瞭解他。不妨先陪著第
四型人抒發情緒,然後鼓勵他把握眼前的幸福。表達
你對他欣賞的同時,也要坦白與他分享你內心真正的
感覺。

第五型 博學多聞者

性格枷鎖

性格盲點 看不見「每個人都可以無限取用宇宙中有關知識與精力的資源」。

性格迷思 以為「世界的資源很有限，人們必須盡力挖掘並愛惜寶貴的資源，包括知識、時間與精力。不要讓別人的需要瓜分了你的力量」。

性格慣性 盡量減少對別人的依賴，以避免被別人依賴。不涉入別人的事物，這樣就可以保有自我資源不會被分享；而對於自己依賴的事物，會緊緊抓住不放手，甚至會貪婪地吸收更多。

執著點 熱中智性思考，對數據、研究結果、分析……特別敏銳，想要從中找出某種關係、邏輯或模式；期待找出「放諸四海皆準」的真理，傾向以自己的結論演繹到不同的情況。對於外來的影響或別人的需要顯得特別警覺與排斥；寧願減少社交活動也不願意因無謂的交際而浪費了時間。第五型人喜歡不動聲色地細心觀察周圍的人事物；對於細節，他通常會捺著性子找到他

想知道的線索。由於腦筋轉得太快,旁人往往會跟不上他的思考邏輯而覺得他怪異。

黑暗點 害怕不足又害怕失去,第五型人害怕自己僅有的資源會被別人瓜分。為了不讓外來的事物侵占他的精神或時間,他只好把自己藏在某個不受打擾的地方,尤其不想受到別人情緒的干擾。只是,生活中無法避免的人際互動讓他更想逃離人群,這也讓第五型人的性格逐漸扭曲。

沮喪點 被別人持續的要求擊倒,無法有效捍衛自我防線與空間;或因為自我的需要、欲望,而導致自己必須依賴別人。無法在行動之前瞭解全部的細節,深怕自己做出不聰明的判斷。

引爆點 不合理、與事實不符的曲解、或過度的情緒衝擊,都會讓第五型人憤怒或想逃走;而當別人不預先告知就強行闖入第五型人的身心空間時,更會讓第五型人因為得不到喘息而感到忍無可忍,甚至爆發。

開鎖關鍵

性格金鑰 宇宙中的無形資源取之不盡，返回人群中真切地生活並與人接觸，反而能為自己帶來更多的資產。

金鑰密碼 人們喜歡挖掘真相；你愈躲藏，人們愈想把你找出來。與人保持距離是第五型人的心靈魔咒，學習與別人分享除了知識以外的事物，才是第五型人掙脫性格牢籠的關鍵。

後援部隊 不要高壓要求第五型人，把決定權交給他，他會比較自在而且願意溝通；他需要先被尊重，然後才有敞開自我的可能。多多鼓勵第五型人從事體能活動，這是最能夠幫助他平衡身心的方式。

第六型 謹慎忠誠者

性格枷鎖

性格盲點 看不見「每個人天生具有相同的能力，而且一樣地自信勇敢」。

性格迷思 以為「每個人都應當特別小心，因為，世界上的壞人或不可預測的事件太多了；輕易相信別人，只會讓自己的處境更不安全」。

性格慣性 自我要求要謹慎小心，最好找到一個歸屬團體，這樣就不必擔心無力抵擋逆境。遇到麻煩時，第六型人不是迫切地尋找支持，期望借用別人的力量來幫助自己去除恐懼，就是被恐懼逼到閉著眼跳入火坑之中，一邊發抖一邊作戰。

執 著 點 不要輕易相信事物的表象，隱含的意義才是應該專注的重點。反覆推敲與測試，才能找到真正的答案。第六型人對於潛在危險與問題的想像力特別豐富；對於比對出故事的全貌也特別具有分析能力。當眾人一致認同某個立場時，第六型人傾向提出相反意見，自認為是看見別人看不到的危機；但很多時候，他就是習

慣想唱反調。第六型人對自己認同的價值或人物非常忠誠，潛意識裡他是想藉此贏得安全感與對方的保護或支持。

黑暗點 「我不知道未來會發生什麼事？」的焦慮，因為長期擔憂而成為自我懷疑；缺乏信心與自我打擊，讓第六型人的性格逐漸扭曲。

沮喪點 被反覆的疑慮打倒，不管疑慮是針對自己或自己相信的人，第六型人一方面要求自己相信，一方面又忍不住懷疑自己的能力或質疑對方的意圖。

引爆點 背叛、覺得對方不值得信任、對方不回應或被無禮對待，都會讓第六型人的態度由友善轉為火爆激動；當感到被壓迫而無路可逃時，第六型人潛在的攻擊性將會被激發出來。

開鎖關鍵

性格金鑰 每個人都可以互相信賴與倚靠，生命是用來擁抱與分享，而不是懷疑與不信任。

金鑰密碼 沒有一件事是永遠不變，保持冷靜與理智才能順應萬變。看不見自己的力量是第六型人的心靈魔咒，學習相信自己與直覺，才是第六型人掙脫性格牢籠的關鍵。

後援部隊 不要安慰第六型人樂觀一點，這只會讓他感到更不安心，更加認定大家都缺乏危機意識。不妨提出一些不同角度的正面看法或針對問題的實際見解，這樣才能舒緩他的擔心。等他覺得有解答了，他就比較能夠專注在眼前的事務上，暫時不會去想假設狀況。

第七型 勇於嘗新者

性格枷鎖

性格盲點 看不見「唯有完全體驗生命中的快樂與不快樂,心靈才能成長與圓滿」。

性格迷思 以為「世界給人們太多的限制;限制只會帶來痛苦與挫折。因此,每個人都應該努力尋找美好的體驗,避開不美好的感覺」。

性格慣性 盡可能不讓自己受到任何限制,並透過參與有趣的活動以逃避自己不想要的感覺。不輕易錯過任何新奇好玩的經驗;同一時間進行兩件以上的活動是常有的事。參與的事務是否有實質意義並不重要,重要的是有沒有趣?能不能帶來愉快的經驗?

執著點 第七型人把滿足自己放在第一位,常常會為了一時的心情或滿足而一擲千金。他喜歡享受,也很樂意讓身邊的人一起享受。豐富的想像力、自信樂觀、強調變化與新奇、對選擇永遠保持開放的態度、追求極致享樂。第七型人有一種潛在的優越感,自認不僅比別人聰明有才氣,同時也比別人更有魅力與受歡迎。

黑暗點 「我得想辦法讓自己快樂！」的欲望，因為長期的放任而變得麻木；一直想找到更滿足的事物，讓第七型人的性格逐漸扭曲。

沮喪點 許下承諾後又不想被責任侷限；因為不想面對痛苦而一再重複同樣的逃避模式，結果卻帶來更多的麻煩。想要嘗試所有好玩的經驗，卻發現自己的體力與財力都不勝負荷。

引爆點 因為愚蠢的限制而失去其他的機會，不能獲得滿足的第七型人會因此暴跳如雷；尤其當周圍的人反應太慢或整天愁眉不展，更會讓第七型人感到窒息而跳腳。

開鎖關鍵

性格金鑰 學會承受,才能成長。

金鑰密碼 只想要快樂的經驗而不處理痛苦的情緒,是另一種形式的設限。四處尋找快樂以逃避痛苦是第七型人的心靈魔咒,學習安住當下的喜怒哀樂,才是第七型人掙脫性格牢籠的關鍵。

後援部隊 不要對第七型人忍氣吞聲,那只會助紂為虐,讓他更加不知節制。第七型人需要當頭棒喝,尤其需要直言的朋友。他希望別人清楚明白地分享內心的需要與想法,如此他才不至於太過自我,以致最後沒有朋友可以作伴。

第八型 天生領導者

性格枷鎖

性格盲點 看不見「人性本善；純真、善良、誠實是每個人的本性」。

性格迷思 以為「每個人都應該為自己打算；防人之心不可無，單純軟弱就有可能被別人占便宜」。

性格慣性 自我要求要表現出強悍的態度與不容欺負的架勢；只有自己才有能力保護自己，只有強者才會獲得別人的尊敬。所以，絕對不能夠表露出柔軟的一面。

執著點 權力、權力、權力。因為不想被別人控制，只有先發制人；相信心機與操弄是獲得權力的必要手段。直覺與意志力是挑戰極限與追求刺激的本錢，對於喜歡的事情會反覆進行直到覺得無趣為止。第八型人對於團體中的正義與公平特別在意，自覺有責任鋤強扶弱；只是，太想保護自己人的他，容易出現護短的行為。

黑暗點 「我要大家都聽我的！」的掌控欲，因為長期無止盡的擴張而成為專制獨斷；擔心別人起身反抗的焦慮，讓第八型人的性格逐漸扭曲。

沮喪點 被過度消耗而擊垮，無論是盡力滿足控制別人的欲望，還是費力控制想與人衝突的欲望，都讓第八型人感到疲憊；只是，當急性子的第八型人一旦感到疲憊無力，他會更沮喪。

引爆點 背叛、無法伸張的正義、不敢為自己而戰，都會讓第八型人看不下去；被忽視或被不合理的限制更會激怒第八型人。

開鎖關鍵

性格金鑰 每個人與生俱有真善美；爾虞我詐的心態只會蒙蔽內心美好的真相。

金鑰密碼 「留得青山在」，不必每件事情都得用盡氣力；留一條路給別人走，也是為自己多得到一個朋友。「不是全輸，就是全贏」是第八型人的心靈魔咒，學習與人分享，才是第八型人掙脫性格牢籠的關鍵。

後援部隊 不要嘲笑第八型人的眼淚，這只會讓他更加武裝自己。在鼓勵第八型人分享他的內心感受之前，你也應該對他坦白，分享他的行為對你所產生的影響，無論是好是壞。第八型人希望周圍的人都能和他一樣有話直說，只是他為了面子，總是將自己脆弱的一面隱藏起來。

第九型 嚮往和平者

性格枷鎖

性格盲點 看不見「每個人都是獨立的個體,都能自處於平靜與和諧的狀態」。

性格迷思 以為「自己太渺小,只有與別人融合一起,才能真正體驗到平靜與和諧的歸屬感」。

性格慣性 為了與別人融成一體而放棄自己的想法與需要。因為得不到自己最想要的結果,開始以其他次要的滿足來自我安慰。所謂「無魚,蝦也好」的心態,讓第九型人失去追求自我成長的動力。

執著點 關注別人的反應,盡量與別人的立場一致。不管外界如何變化,只要自己按照既有的模式來走,就會像以前一樣沒有問題。第九型人喜歡舒適又熟悉的生活形態,不喜歡有任何突發事件打擾目前安逸的處境,即使那是一個好的改變。只是,有時候為了順應別人的要求,第九型人被逼著不得不做點什麼,這時他很可能只做些無關痛癢的努力,好交差了事。

黑暗點 害怕與人衝突又害怕失去平靜和諧,第九型人害怕太過堅持己見而擾亂了眼前的寧靜。為了相安無事,他只好選擇沉默。然而,「我不想受到影響!」的堅持,因為長期自我壓抑而成為頑固的消極抵制;內心的自我放棄,讓第九型人的性格逐漸扭曲。

沮喪點 因為不忍心拒絕別人而勉強答應,答應之後又不想勉強自己去做;結果,因為失信於人而讓別人生氣,然後,別人又逼著在短時間內給一個交代。這就是第九型人一直在重複的惡夢。

引爆點 當被逼到一個極限,第九型人會採取消極抵抗,什麼都不做不說。有時候也會像煮開水一般,終於加熱到沸點而噴出憤怒的水花。

開鎖關鍵

性格金鑰 每個人都是自主的個體,也都應當被平等看待;表達
自己並不會損害個人的人際關係。

金鑰密碼 你與別人一樣重要;別人的夢想留給別人去追求。維
持不切實際的美好與平靜是第九型人的心靈魔咒;學
習從自我安慰的夢幻中「醒過來」,正是第九型人掙
脫性格牢籠的關鍵。

後援部隊 不要安慰第九型人,他已經過度自我安慰了。然而,
當他表現出為自己負責的態度時,絕對要大力支持
他。應該多多鼓勵第九型人思考並表達自己想要什
麼,同時,也給他足夠的時間審視這個問題。提醒
他,只有釐清造成不愉快的原因,才有可能找到讓自
己真正平靜的方法。

【第一關】打破性格的習慣

在日常生活中，我們幾乎都依照性格慣性做出習慣性的反應，

而「真我」的美德特質，從我們很小的時候就已經被性格所掩蓋。

我們習慣這樣做、習慣那樣做；

如果我們表現出跟我們過去的行為不一致的舉止時，

不僅我們覺得「不像自己」，別人也會覺得「怪怪的」。

我們常常出現的反應，就是我們的性格慣性。

九型人格的功能之一就是破解「性格慣性」，

它不僅一針見血地戳破每一種性格類型運作的動機與模式；

同時，對症下藥地指出打破每一種性格慣性的「破解思維」。

許多學員會與我分享他們內心的掙扎。有些人被人際關係困惑著，有些人在愛情裡迷失自己；有些人找不到人生的方向，有些人失去了生命的熱情。

「我知道我和他不會有結果，但是，我又離不開他。我該怎麼辦？」

「我是辦公室中英文程度最爛的，升官加薪永遠也輪不到我！」

「我很想換工作，可是除了這一行，我還能做什麼？」

「我也知道自己的缺點，而且我真的很想做點改變，但就是沒有辦法堅持下去！」

「現在的我不必為生活煩惱，但是，我覺得我並不快樂。有什麼方法可以讓我變得開心一點？」

「我覺得我快被生活逼瘋了！」

　　這些都是現實生活中的真實反應，然而，我們不可能逃到山中隱居起來，因此，找到解決這些人生問題的方法，成為每個人的渴望。九型人格正好可以提供這樣的幫助。

九大原罪VS.九大美德

　　九型人格奠基於九大原罪。而「原罪」(sins)的概念，則來自於新柏拉圖主義，原本主張人類天生即擁有各項的「美德」(divine attributes)。然而，後來的西方宗教思想將「美德」的概念轉變為「原罪」的說法，認為人們天生就是有罪的。

　　一九五〇年，由九型人格大師之一的艾迦索 (Oscar Ichazo)將「美德─原罪」的概念與九角圖結合（見圖1），奠定九型人格中性格分類的核心標準。

圖1　九大原罪與九角圖的結合

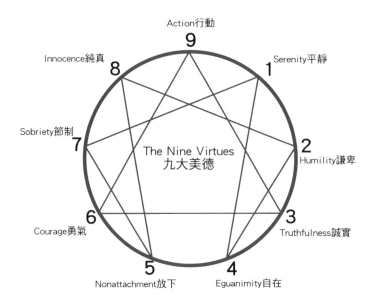

圖2　被遺忘的九種美德，透過身心靈工作——重現

　　艾迦索主張，每個人的內心都有與生俱來的美德（見圖2），只是因為成長過程中所受的心靈傷害。讓人逐漸感受不到內心的美德，轉向用原罪來應付這個世界（見82頁表）。

　　基本上，每個人都擁有這九大原罪，但是，一定有一項原罪最常出來干擾我們的行為。那項原罪就是我們的心靈最不平衡的地方，也就是性格形成的起點；一旦將不平衡的地方恢復平衡，原罪將消除，天生的美德就會再現。

　　而我個人覺得，不妨以「人生課題」的角度來詮釋「原罪」，九型人格讓我們瞭解此生應該努力「修」的方向為何，在展開身心靈成長的功課時，幫助我們立下明確的階段性目標。

九大美德VS.九大原罪

	被遺忘的天生美德	因為遺忘美德，只好以「原罪」來應付世界。
第一型人	平靜：接受不完美	憤怒：過度壓抑憤恨的情緒
第二型人	謙卑：無私的愛	驕傲：因能給予而感到優越
第三型人	誠實：接受自己	虛假：摒棄真正的自己
第四型人	自在：珍惜所有	嫉妒：渴望自己沒有的東西
第五型人	放下：走進人群	貪心：緊守自己的資源
第六型人	勇氣：相信自己	恐懼：看不見自己的力量
第七型人	節制：學會承受	貪吃：參與一切有趣的事物
第八型人	純真：卸下武裝	慾望：無限擴大自我
第九型人	行動：參與你的人生	怠惰：抵抗外界的影響

九種性格慣性VS.九種破解思維

　　在日常生活中，我們幾乎都依照性格慣性做出習慣性的反應，而「真我」的美德特質，從我們很小的時候就已經被性格所掩蓋。我們習慣這樣做、習慣那樣做；如果我們表現出跟我們過去的行為不一致的舉止時，不僅我們覺得「不像自己」，別人也會覺得「怪怪的」。我們常常出現的反應，就是我們的性格慣性。

　　比方說，遇到困難，有人習慣性先放棄，有人習慣性非找出解決辦法不可，有人則習慣性先往壞處設想。不同的人有不同的反應，因為性格不同，所產生的性格慣性也就不一樣。性格讓我們習慣只從某一個角度看世界，甚至相信世界上其他的人都和我們一樣，有相同的觀點與反應。

　　因此，當別人做了一件不符合我們期待中的行為時，我們很難理解對方為何要這麼做？我們習慣用自己的性格慣性去思考別人的言行，而這也正是為什麼人與人之間容易發生誤會或爭執的原因。

　　九型人格的功能之一就是破解「性格慣性」，它不僅一針見血地戳破每一種性格類型運作的動機與模式；同時，對症下藥地指出打破每一種性格慣性的「破解思維」（見下頁表）。

　　當我們認識內心的恐懼，瞭解性格慣性背後的動機，並開始進行心靈轉化工作，努力減輕自我性格類型的性格慣性後，便能如前面寓言中的老鷹一般，活在比較寬闊自在的世界裡。

九種性格慣性VS.九種破解思維

	原罪的產品—— 性格慣性	打破性格慣性—— 破解思維
第一型人	批判: 經常批評或譴責自己和別人。	耐性: 別人的方式並不見得比較差。
第二型人	服務: 熱心過度地給別人意見。	愛己如人: 先瞭解自己,你才能真正看到別人的需要。
第三型人	修飾: 經常模仿你想要的樣子,但那都不是真正的你。	不造作: 接受你的感受,坦白你的想法。
第四型人	幻想: 滿足內心的渴望。	自制力: 踏實的生活,是幸福的起點。
第五型人	偏執: 過度解讀你的經驗。	分享: 溝通,能讓你的想法更容易落實。
第六型人	懷疑: 過度依賴外在支援。	相信: 信任帶來「心」幸福。
第七型人	樂觀: 把希望寄託在未來。	承受: 細細品嚐人生,勝過囫圇度日。
第八型人	征服: 想要完全控制自己的人生。	同理心: 別人也是一個主體。
第九型人	傳統: 堅持以習慣去過生活。	獨立: 描繪夢想,為自己而活。

九型人格幫助我們看穿性格的運作，
同時指出調整心態的方向。

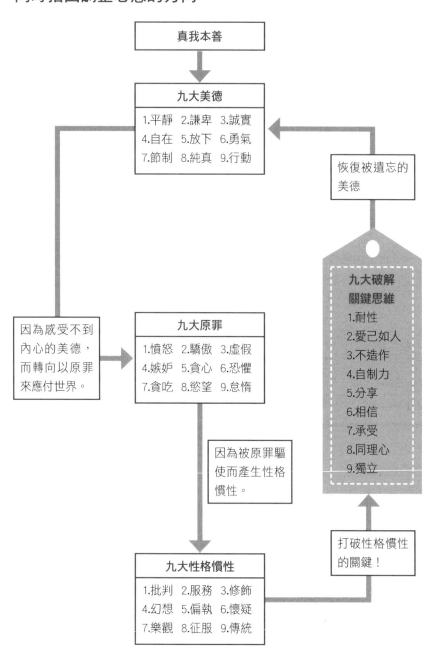

第一型 理想崇高者

背負的原罪：憤怒──「事情不應該是這個樣子！」

性格的慣性：批評──「我們應該可以做得更好！」

　　第一型人被「完美主義」所詛咒，對於不合標準或期待的事物你很難接受，尤其是「沒有完成」或「開放性的結果」，更會讓你覺得太過粗糙而忍不住嚴苛批評。

　　第一型人對事情很難感到滿意，而且總在努力地尋找改善的方法。問題是，只有你這樣想，別人並不這麼認為，因此別人不會如你一般地求好心切。當你發現只有你自己為了更好的結果而忙得昏天暗地，別人卻不負責任地一走了之時，你內心的憤怒已經可以燎原了。

　　可是，你卻不願意承認自己的憤怒。這正是第一型性格的問題所在。憤怒會蒙蔽真相，讓你失去冷靜客觀的判斷力，而以自己的主觀認定去審判一切的人事物。

　　剛開始，也許你還能不露痕跡地壓制憤怒的情緒，別人可能看不出來你有多努力地想要維持臉上的笑容。你看起來還是整齊俐落、有條不紊地處理別人引起的問題；冷靜沉著、不受情緒影響地把事情帶上軌道。你的責任感很強，因此別人通常都很放

心把事情交給你辦，甚至讓你多做了他們原本應該自己完成的工作。反正，他們做不好，你也會跳出來收拾爛攤子。在別人眼裡，你是獨立又有能力的人；更重要的是，你很少開口抱怨自己做得太多或開口要求幫忙。

破解思維：耐性——對不同於你的方式或超乎你預期的事物，多一
　　　　　　點等待與欣賞的空間。
等你尋回的美德：平靜——「對於眼前的情況，我都予以尊重！」

　　「平靜」的意涵是「不隨著性格特質去反應眼前的狀況」。當我們活在性格中，常常會忍不住想去改變、或去認同、或去抵擋眼前的狀況。第一型人要學習的重點就是放鬆，讓自己泰然地自處於當下的情況；不管情況是好是壞，都坦然接受。不是只有批評挑剔或一心想要改變它；或因為經驗太美妙而將它拿來當作日後的標準

　　此外，每一位第一型人的內心都住著一個貪玩的孩子，只是，過去因為貪玩或頑皮而被痛斥的經驗讓第一型人不寒而慄，從此不允許自己放縱，甚至不允許有不正確或不符合規定的事情發生。

　　因此，想要尋回心靈遺失多年的「平靜」，首先就得開始減少自我批判的次數，常常邀請內心那位貪玩的孩子回到你的生命當中。如此，你的注意力將會慢慢地從事物不美好的地方轉移到美好的地方。當美好的事物增多，你的包容力提高，你的憤怒將會隨之減少，內心的平靜感也會愈來愈多。

# 第二型 古道熱腸者

背負的原罪：驕傲——「需要幫忙的是你，不是我！」

性格的慣性：服務——「讓我來幫助你！」

　　第二型人被「天使光環」所詛咒，對於別人的需要你非常敏感，而且會大方地伸出溫暖的雙手。然而，在你親切的笑容下與熱心的服務裡，別人甚至是你自己，都不太容易發現你隱藏在施捨之中的優越感。

　　第二型人對別人的需要非常敏感，而且總是努力地去滿足別人或幫助別人解決困難。問題是，你自己也有不少需要幫忙的地方，但你卻視而不見。而當別人也和你一樣慷慨大方地想要幫助你時，你常常會不假思索的拒絕。因為在內心深處，你向來把自己放在「慈愛的施捨者」的角色，而不是「被施捨者」。

　　不願意承認自己也「有問題」，這正是第二型性格的問題所在。驕傲會讓人無法坦然地面對自己的缺點，讓你不得不把焦點放在別人身上，然後再從滿足別人的過程中，獲得滿足自己的錯覺。

　　第二型人以自己的善行為榮，對於那些不需要你幫助的人，或不想單方面承受你的好意的人，你在潛意識裡是懷有敵意的。

尤其是那些不懂得感激你付出的人，你的驕傲感會表露無遺，表面上你會抱怨對方辜負了你的好意，實際上，是你的驕傲受挫了。由於你的熱忱服務，你總是感嘆世人多半是自我中心，甚至認為大部分的人都是自私的，而且更需要你的幫忙或感化。第二型人用謙卑來掩飾內心的驕傲；以別人的需要為優先，而刻意減少或放低自己的需要；捨身為別人服務，甚至卑微的工作也願意。在旁人眼裡，沒有人比你更溫暖熱心；更重要的是，你幾乎是有求必應。

破解思維：愛己如人——以同樣的熱忱來探究自己的需要，並給予滿足。

等你尋回的美德：謙卑——「能夠參與你生命中的一部分，是我的榮幸！」

「謙卑」的意涵是「無我」。當我們活在性格中，常常會忍不住想去表現自己的優點、隱藏缺點。第二型人要學習的重點就是瞭解自我，理解自己並不是、也不一定要做世界上碩果僅存的大好人。幫助別人是一件好事，但必須先學會善待自己，讓自己保持健康的身心狀態，如此，你才有資格去服務別人。

此外，每一位第二型人的內心都住著一個任性的孩子，只

是，過去因為嬌縱或自私而被父母冷落的經驗，讓第二型人不寒而慄，從此不允許自己不體貼，甚至不允許有先滿足自己需要的情況出現。

因此，想要尋回心靈遺失多年的「謙卑」，首先就得開始多聆聽自己的心聲，常常邀請內心那位任性的孩子回到你的生命當中。如此，你的溫暖與愛心將會慢慢地從別人身上轉移到自己身上。當內在的滿足感增多、自我肯定提高，你不再那麼需要別人的愛與肯定時，你的付出都將發自真心而不求回報，這也將吸引更多的人與你親近。

第三型 成功追求者

背負的原罪：虛假──「我要怎麼做才能打動你？」

性格的慣性：修飾──「如果修飾真相能帶來更好的結果，why not?」

　　第三型人被「第一名」所詛咒，你堅信只有表現最好，才能展現你的個人價值；獲得成功，你的人生才有意義。然而，在掌聲的背後，其實還有另外一個不為人知的你。

　　第三型人通常活在兩個世界裡，一個是眾人的眼光裡，一個是虛擬的內心世界裡。自我真實的情感隱藏在對外的面具下；挫折感隱藏在外表的成功下；脆弱感隱藏在強烈的競爭心下。簡言之，你活在自己希望看到的世界裡；形象與表現對你非常重要。至於你內心真正的感受、喜好與看法，你刻意將它們隱藏，因為你擔心萬一別人知道了真正的你，會對你的評價大打折扣。

　　不願意面對自己內心真正的感受，這正是第三型性格的問題所在。虛假會讓人遠離真實，久而久之以假為真，不僅欺騙了別人，更悲哀的是欺騙了自己，用自己寶貴的一生去重複某個你所崇拜對象的人生。

每個人難免都會遇上不願意公開內心真正感受的時候，然而，第三型人卻將之成為習慣，甚至乾脆把內心的感受封箱，專心地做「理想中的自己」。第三型人潛意識裡拒絕接受真正的自己，而是把精力都花在如何讓「理想中的自己」更完美。為了維持完美的形象，你有時候不得不「修飾事實」；你覺得不過是「換一種說法」，但在別人眼裡，會覺得這是吹噓或哄騙。而當事實無法繼續被「修飾」時，已經不能以謊圓謊的第三型人，除非預計說了實話會對你有益，不然，聰明的你會傾向以保持緘默或冷淡來應對別人的質問。

破解思維：不造作——表現出你真正的感受。
等你尋回的美德：誠實——「我要把真正的自己做到最好，也希望
　　　　　　　　　　　你和我一樣好！」

　　「誠實」的意涵是「接受自己的一切」。當我們活在性格中，為了被別人接受，常常會不得不隱藏內心真正的想法，說別人想要聽的話。第三型人要學習的重點，就是守住內心的價值，不為了被別人接受而接受不屬於自己的特質。你絕對有個人的優點，只要隨著優點前進，不要分心與別人計較長短或擔心別人超前，你一定會成功。

　　此外，每一位第三型人的內心都住著一個害羞的孩子，只是，過去因為表現不如預期而被父母苛責的經驗，讓第三型人不寒而慄，從此不允許自己疏於表現，甚至不允許有不如別人的情況出現。

　　因此，想要尋回心靈遺失多年的「誠實」，首先就得開始多坦白自己的感覺，常常邀請內心那位害羞的孩子回到你的生命當中。如此，你的赤子之心將會慢慢湧現，讓你逐漸習慣真實，不管那個感覺讓你好受還是不好受。當你愈能接受不是自己想要的那個部分的自我時，你就愈能掌握可以努力改善的方向，同時，也愈有動力去發揮自己真正的優點。從此，你不再需要將不屬於自己的特質強加在自己身上，在絢爛的外表下，你的內心會有一致的充實與滿足。

第四型 個人風格者

背負的原罪：嫉妒──「為什麼別人的都比我的好？」

性格的慣性：幻想──「如果我也有，那就太完美了！」

第四型人被「做自己」所詛咒，總認為必須要徹底瞭解自己並且發展所有的潛能後，你的人生才會有意義。然而，當你全部的注意力都放在探究自己還缺少什麼東西上時，會讓你誤以為自己太平凡，而更加不安與苦惱。

第四型人對自己和別人不一樣的地方特別敏感，如果別人有你所沒有、而那又是你很想要的特質時，你會忍不住羨慕，甚至崇拜對方，但其中又隱藏著微妙的嫉妒心理。由於你太專注在自己比不上別人的地方，因此總是鬱鬱寡歡，深怕別人發現你的「不一樣」，而刻意隱藏自己的某些部分。因此，別人總覺得你有點神秘或有距離感。

看不見自己已經擁有的美好，這正是第四型性格的問題所在。一心追求自己所欠缺的事物，很容易掉入挫折與悲觀的循環當中。第四型人總覺得自己的人生不如別人一般順遂，與其最後失望，不如早一點做好失敗的準備。

每個人難免有低潮喪志的時候，但第四型人卻長期在情緒中

起起伏伏，甚至在負面的情緒裡打轉。由於認定自己一定有某個部分不如別人，你擔心自己會被別人拒絕、拋棄、忽略或遺忘。為了留下自己曾經真實存在的證據，第四型人對於所有能「表達自我」的議題或活動特別有興趣。同時，為了找出自己究竟哪裡不如別人，你會不斷地「重溫」過去的經驗，想要找出自己被拋棄或被不公平對待的原因。這樣的行為模式會讓你變得更悲觀消極，然而，你卻忍不住活在往事之中而無法自拔。

破解思維：自制力——訂下一段時間，讓自己不受情緒干擾。
等你尋回的美德：自在——「過去的經驗幫助自我成長，而不是自我打擊！」

　　「自在」的意涵是「不受當下情緒的影響」。當我們活在性格中，情緒常常左右我們的思緒與行為；「現在沒有心情」是我們慣用的藉口。第四型人要學習的重點，就是讓自己平靜下來，暫時游出情緒的潮流；情緒只是一時的心情反應，它並不代表全部的你。然而，只要你能保有平靜的心情，即使是非常負面的體驗，也能夠以非常正面的方式呈現出來，並與世界分享。

　　此外，每一位第四型人的內心都住著一個沉靜的孩子，只是，過去莫名被拒絕的經驗，讓第四型人不寒而慄，從此不允許

自己太安於平凡或沒有作為，甚至不允許自己不受注意。

　　因此，想要尋回心靈遺失多年的「自在」，首先就得開始「放過」自己的感覺，常常邀請內心那位沉靜的孩子回到你的生命當中。如此，當你的內心趨於平靜時，你會更清楚地看見是什麼限制了你；讓你錯過無數個可以發揮自我才華的機會，與許許多多體驗生命價值的精采時刻。在空想中，你絕對無法「找到自己」；唯有真實地活著，你才有機會拓展潛能。

 博學多聞者

背負的原罪：貪心——「我能給予的很有限。」

性格的慣性：偏執——「我做過很多研究分析，這結論絕對錯不了！」

　　第五型人被「宇宙的真理」所詛咒，你相信身為人類是渺小而無能的，你必須探究宇宙的真相與窮極一切的知識，你的存在才能夠安全而且有意義可言。然而，就算擁有滿腹經綸，如果無法落實在現實生活裡或是實際去解決某些問題，那麼一切仍然只是空想而無用的。

　　第五型人對於自己的資源與隱私權特別在意，因此，在不清楚狀況的前提下，你通常不會高調地大鳴大放，而是會等待大家都抒發己見後，才會視情況提出自己的想法，或習慣性地幫大家做總結。自視甚高的你，有一種知識分子的優越感，常常在言語之間不小心傷到別人的自尊而引起對方的不悅。

　　不願意與別人發展深入的關係，這正是第五型性格的問題所在。為了不被別人打擾或壓榨，你寧願放棄大部分的人際關係，只維持與少數人的特殊情誼。對你來說，一般社交活動是對身心一種無謂的虛耗；獨立的你也不會因為拒絕參加而擔心不被大家

喜歡。因為早在童年時期，你就已經嘗過孤立無助的痛苦。

　　每個人難免都有想要獨處冥想的時光，但第五型人卻樂在其中，甚至用想像取代真實的體驗。由於曾經被人群誤解或孤立，第五型人習慣往內心世界尋求慰藉，從知識、思考、分析、天馬行空的發想與自我推演的論說中找到生活的樂趣。為了找到解決過去不好經驗的方法，你會更努力地求助於知識，旁徵博引地希望獲得最終的解答。只是，想得愈多，可能性也就愈多；分析得愈仔細，愈看不清全貌。第五型人常常被自己旺盛的思緒弄得筋疲力竭。但是，所有想法仍然都還停留在你的腦袋裡，並未付諸實現。

破解思維：分享——支持並關懷別人。
等你尋回的美德：放下——「宇宙的真理就是愛與分享。」

　　「放下」的意涵是「不執著」。當我們活在性格中，很難真正的獨立，即使將自己的物質與情感需要減到最低，自我性格仍然巧妙地操縱著我們，讓我們以為「不依賴別人」就是獨立，而將自我認同與情感轉向依賴在無形的資源上。第五型人要學習的重點，就是回到人群當中，將你優異的理解力運用在人際關係上，從別人的立場去理解對方所面對的問題。如果你能帶著愛去

關心別人，而不是遠遠地觀察，你對人會更有信心。

此外，每位第五型人的內心都住著一位膽大的孩子，只是，過去因為過度活潑而被排斥的經驗讓第五型人不寒而慄，從此不允許自己太有活力，甚至不允許自己太高調。

因此，想要尋回心靈遺失多年的「放下」，首先就得開始讓自己動起來，常常邀請內心那位膽大的孩子回到你的生命當中。如此，大膽地開放你的心胸，你的身體與心智才能融合為一；嘗試與別人合作，而不是腦力比賽，你的遠見與才華才有機會落實，向眾人證明你不是在象牙塔裡閉門造車。同時，你會更有勇氣去面對不可知的宇宙，雖然瞭解自身的渺小，但對人生的挑戰，卻是充滿衝勁與興奮的期待。

第六型 謹慎忠誠者

背負的原罪：恐懼——「每一天都充滿著無法預測的危機！」

性格的慣性：懷疑——「真的是這樣嗎？」

第六型人被「危機處理」所詛咒，你相信生命充滿不可知的變數，但只要有足夠的準備與負責任的態度，你就會安全度過所有的危難。然而，要準確預測會有哪些狀況發生何其困難，想要為每一個突發狀況做好萬全的準備，更談何容易？

第六型人永遠在擔心未來，為任何可能發生的大小狀況（99.9％是壞狀況）尋找解決的方案。有趣的是，你覺得擔心並不是一件壞事，至少它給你時間為可能的問題做好準備。此外，第六型人與第二型人一樣，都想第一手掌握親朋好友的近況，除了都害怕被別人排除在外，第六型人更想知道自己目前在別人心中的位置，究竟是敵是友？別人對自己是否有沒說出口的抱怨？

不願意相信別人或自己，這正是第六型性格的問題所在。不信任會讓人陷入猜忌與自我打擊的惡性循環之中。不信任自己，所以第六型人總是向外尋求認同的力量；但是，你又不完全信任別人，因此只好推翻原來的想法，繼續為新的想法尋找支持。

每個人難免會有猶豫不決的時候，然而，第六型人連生活

瑣事都很難做決定；不然就是做了決定又後悔叨唸：「早知道就……」第六型人比較喜歡忙碌，因為一旦時間變多，憂慮也就隨之而來。歸屬感對缺乏安全感的第六型人很重要，因此，你傾向以加入一個大的團體，來獲得內心的安全感。你需要外界三不五時的給你支持與穩定的力量，不然你很可能會被你的「假想威脅」弄得無法安眠。由於擔心意外，其實你並不喜歡常常變化，寧願固定行事，以減少麻煩。

破解思維：相信別人的善意──不要過度自我防禦。
等你尋回的美德：勇氣──「勇敢的表達自己，但不與人為敵。」

「勇氣」的意涵是「泰然地面對無常」。當我們活在性格中，「無常」總是神出鬼沒的奪走我們所想、所愛，讓我們恨得牙癢癢但又害怕遇見。第六型人要學習的重點，就是平常心，既然未來不可知，你能做的就是仔細考量後做好選擇，盡力準備，然後安心進行下一件事情。不要反覆質疑自己的決定，在原地打轉徒然耗費精力。

此外，每位第六型人的內心都住著一個無憂無慮的孩子，只是，過去因為太不小心而出錯被責罵，讓第六型人不寒而慄，從此不允許自己不努力，甚至不允許自己放鬆。

因此，想要尋回心靈遺失多年的「勇氣」，首先就得開始放手，不去特別擔心任何事，常常邀請那位無憂無慮的孩子回到你的生命當中。如此，當焦慮再起時，試著與焦慮共處，探索它背後的原因，同時也認清那讓你擔憂的事情其實幾乎從來沒有真正地發生過，你所有的擔心常常都是多餘的，除非你在極度焦慮下做出自毀的行為，自己促使問題發生。當你不被焦慮影響而看清楚自己正在做什麼，焦慮將變成激勵，可幫助你完成更多事情。

第七型 **勇於嘗新者**

背負的原罪：貪吃──「每一天都充滿著令人驚喜的機會！」
性格的慣性：樂觀──「天涯何處無芳草！」

　　第七型人被「機會主義」所詛咒，你認為人生苦短，應該要好好把握每一個讓自己快樂的機會；美食華服或能夠帶來新鮮體驗的活動，都是你熱中的目標。然而，要多少有趣的活動才能填滿你內心的空虛感呢？答案應該顯而易見了。

　　第七型人永遠在計畫未來，因為大膽築夢是幫助你逃避眼前痛苦的方法之一。樂觀的願景帶來新希望，對於新計畫的躍躍欲試，讓你忘記了過去的不愉快。你的生活看似多采多姿，但由於你的興趣廣泛與遇到困難就想另起爐灶的特質，讓你很難有精通的強項，通常給人「樣樣通卻樣樣不精」的印象。不僅你在專業領域如此，在其他生活領域也給人不穩定或不夠深入的感覺。

　　不願意面對麻煩與痛苦，這正是第七型性格的問題所在。逃避痛苦也許會讓自己暫時感到鬆一口氣，但如果不找出痛苦的原因，同樣的苦果仍然會一再重演。第七型人想要以快樂來壓抑內心的空虛感，以感官的滿足來取代心靈的匱乏與不安。

　　每個人都會感受到的內心的空虛，因為我們在童年時期就

已經逐漸遺忘了許多寶貴的心靈美德，導致每個人永遠在尋覓讓心靈圓滿的事物，只是每一種性格類型的人對圓滿的標準有不同的認定。第七型人認定「只要能夠讓我感到快樂，就是圓滿。」第七型人看起來好像對生命充滿熱情，實際上，你對情感是冷漠的，因為你不知道如何面對深層的感情或感受，因此乾脆不去探究。第七型人最大的挑戰就是去愛人，去付出，去承受愛的甜蜜與苦澀。

破解思維：細嚼慢嚥──重質不重量。

等你尋回的美德：節制──「美好的事物需要更多的時間來體會！」

　　「節制」的意涵是「不隨便」。當我們在性格中，好逸惡勞是人的天性，永遠幸福沒有痛苦更是大家的祈禱，不斷想要更多的快樂就成了人人追求的目標。第七型人要學習的重點，就是概括承受，想要圓滿生命，心靈不再空虛，物質上的滿足絕對不是你追求的方向，甚至是一種阻礙。我並非在鼓吹放棄適當的享樂，而是對於過度追求享樂的第七型人，確實需要瞭解另一種層面的快樂：當你獻身於某種有價值的工作時，快樂也會產生。

　　此外，每位第七型人的內心都住著一個知足的孩子，只是過

去因為拿得不夠而遭遇不足的結果，讓第七型人因此不寒而慄，從此不允許自己要得太少，甚至不允許錯過任何可以得到更多利益的機會。

　　因此，想要尋回心靈遺失多年的「節制」，首先就得開始仔細篩選想要的事物，剔除一些並不是很需要的選項，把你的精力專注在值得參與的事物上。當你感受到深入某件事物的體驗雖然不全然美好，但不美好的體驗卻能幫助你成長，讓你變得更專心、更有忍耐力、視野更開闊時，你已經逐漸成功地調節了性格中的衝動，有更多的自我控制力，能夠心無旁騖地做對你真正有益的事情，你的成就感與滿足感將超乎你的預期，快樂自然從心頭湧現。

第八型 天生領導者

背負的原罪：慾望——「我想要的，就是我的。」

性格的慣性：征服——「先發制人才是上策。」

第八型人被「大人物」所詛咒，你堅信人活在世上的唯一意義，就是要做出一些能夠影響別人或改變世界的大事情；至少，你想要做什麼，就應該全力以赴，不達目的絕不甘休！然而，當強大的意志力中缺少人性的考量時，便會顯得蠻橫而冷酷。

第八型人對權力特別著迷，因為只有權力在握，才能帶給你不會被別人控制的安全感；同時，你對事情的要求標準常常是要夠大、夠力、夠氣派，因此也只有權力能夠滿足你的需要。精力過人的你很難甘於平淡，小風小浪中的小勝利無法吸引你，你嚮往的是奮力搏鬥後終於成功的強大勝利感！或者，冒險性高的活動也能帶給你強烈的快感。

不願意受制於人，這正是第八型性格的問題所在。你自認大家都得依靠你生活，對於不夠積極努力的人，你總會忍不住在後面斥責鞭笞，希望他們奮發地趕上你的腳步。很少考慮別人感受的你，總是毫無顧忌地坦白你的想法。你的受壓力不錯，當眾人已經不支倒下時，你通常是最後一個放棄的人。

　　每個人都有踩著別人的失敗往上爬的機會，然而，第八型人很少有罪惡感。你對情感的忽視，讓你的堅強與自信，在別人眼中往往成為跋扈與自大。而這一切都起因於你想要隱藏內心的脆弱與膽怯，因為你內心深處的情感需要並未得到應有的安慰。第八型人對自己其實不太好，你對內心感性的部分常常不屑一顧；為了應付外在世界的嚴苛挑戰，你會選擇埋葬內心的柔軟面。

破解思維：同理心——尊重別人的權利。
等你尋回的美德：純真——「我很樂意為你的成功貢獻我的力
　　　　　　　　　　　量！」

　　「純真」的意涵是「赤子之心」。當我們活在性格中，心機與算計常常是謀取成功的手段之一。第八型人要學習的重點，就是卸下武裝，你的同理心與人性面自然就會浮現。當第八型人愈感到不安全，控制欲就會愈強烈，自我保護就會愈堅硬；這也意味著他與內心情感面的距離就愈遙遠，最終造成缺少人性關懷的強勢作風。

　　每位第八型人的內心都住著一個渴望愛的孩子，只是，過去因為表露感性而被苛責不夠堅強的經驗，讓第八型人不寒而慄，從此不允許自己表現柔弱，甚至不允許自己被愛或付出愛。

因此，想要尋回心靈遺失多年的「純真」，首先就得先嘗試打開層層心鎖，釋放你全部的感情與軟弱，常常邀請內心那位渴望愛的孩子回到你的生命當中。如此，真愛會讓你真正的勇敢，而不是虛張聲勢的強悍。當你發自真心的愛別人，你的心自然會為了所愛而堅強；當別人也回饋以真愛，你原本堅硬的心將變得柔軟而有韌性；你的仁慈將讓別人更願意臣服於你。

第九型 嚮往和平者

背負的原罪：怠惰──「期待愈低，失望愈少。」

性格的慣性：傳統──「我已經習慣這個樣子了！」

　　第九型人被「與世無爭」所詛咒，你相信安於現狀比汲汲營營的追求要好，既然萬事萬物都會消逝，那又何必努力？何必為了不能如願的事情煩惱？然而，在怡然自得的背後，隱藏的是你自我貶抑的心，你覺得自己並不是那麼重要，不值得期待更多美好的事物。

　　第九型人一心想當個平凡人，最好不要有人注意到你，這樣你就可以悠然自在地做自己想做的事情；你寧願把力氣花在維持現狀，也不想努力去改善現況。在專業領域中，你會盡責地達成自己被賦予的任務；而在私人生活裡，你覺得「你有出現」就是給了別人交代，只是別人常覺得你「心不在焉」。第九型人在家裡通常有一個「個人專屬放鬆空間」，可能是一張舒服的老沙發、個人書房或家裡的某個角落，很容易滿足的你，常常一個人躲在那裡閱讀、聽音樂、做自己喜歡的事情，以逃避不愉快的情緒。

　　不願意接受改變，這正是第九型性格的問題所在。對於別人

的要求，你傾向消極的抵抗；而對於自我內在的感受，你也不願意去探究，因為那很可能會挖掘出你不想面對的痛苦。

每個人都應該知足常樂，然而，第九型人卻不斷地降低要求，以避免對現實情況的失望。因為失望帶來的挫折，讓你不得不為了捍衛內心的平靜而必須採取某些行動；所以，你寧願不堅持自己的需要，以免帶來更多的衝突。你習慣以不在意的態度輕描淡寫地略去你的失望，同時，你也想以輕鬆的態度去逃避你與別人的問題。

破解思維：獨立宣言——為自己而活。
等你尋回的美德：行動——「我很樂意為自己的成功貢獻一份力量！」

「行動」的意涵是「醒過來，為自己而活」。當我們活在性格中，很多時候是靠著習慣來運作；什麼時候該做什麼事情、什麼情況該有什麼反應……性格正是一種習慣的產物。第九型人要學習的，就是實實在在地活著，確實地參與你周圍的生活，清楚你正在做些什麼事情，明白你做這些事情的原因；當你切切實實地掌握你的生活，你便能找到活著的意義。

此外，每位第九型人的內心都住著一個想要獲得讚美的孩

子，只是，過去想要表現自己的欲望被斥責或被壓抑，讓第九型人不寒而慄，從此不允許自己太出風頭，甚至不允許堅持己見。

因此，想要尋回心靈遺失多年的「行動」，首先就得先找回身體的活力，常常邀請內心那位想要獲得讚美的孩子回到你的生命當中。如此，你開始做自己，並且不再需要由順從別人中獲得安心，你的獨立將帶給你內心真正的平靜。要求自己專注於你正在做的事情上，並且不要避開別人或退回自己的想像世界裡，畢竟想要獲得長期的圓滿與滿足，必要時，得犧牲眼前短暫的安定與寧靜。

找出性格慣性指數

想知道你的性格慣性指數有多高嗎？想掌握性格慣性的破解線索嗎？請根據你的性格類型，來做一次通關檢測吧！

何謂「性格慣性指數」？

當你對問題的答案是「肯定」時，「性格慣性指數」代表的是，你受該性格類型的影響程度。指數愈高，被影響的程度愈大。

如何利用「破解線索」？

建議準備一本小筆記，隨時記錄你對「破解線索」的觀察與心得。這是一個幫助你找到「真我」的羅盤！

第一型：理想崇高者

你是不是覺得別人都不夠成熟？　 40%

從小時候起，你就像個小大人一般地「監督」大人們的生活；長大後，你覺得別人都如小孩一般幼稚，只有自己擁有理性

與判斷力。由於你的個性嚴謹，因此，你的苦口婆心常常演變成在「教訓」別人。

破解線索：當你又想要「勸導」別人不正確的行為時，不妨觀察看看，什麼樣的情境讓你忍不住開口指導，即使對方並沒有徵詢你的意見？對方的反應如何呢？不管對方是否接受你的建議，你的感覺又如何呢？而當你為了說服對方你的看法才是正確的時候，你知道你在人際關係上付出的代價是什麼嗎？

你是不是常常多做了你分外的工作？ 60%

因為求好心切，第一型人常常把責任攬在自己身上，同時也認為自己有義務幫助別人做得更好。「對不起」更是你的口頭禪，因為你總擔心自己會出錯，一旦有問題發生，你最先想到的是自己可能做錯了！

破解線索：想想看，在什麼樣的情境下你最容易發生上述的反應？當你多做了不應該是你的工作時，你對別人有什麼觀感？你自己又有什麼感覺？憤怒？這個不滿的情緒你察覺到了嗎？它對你造成什麼影響呢？

第二型：古道熱腸者

你是不是常常刻意討好別人？

為了拉近彼此的距離，第二型人的細心與付出常常讓周圍的人自嘆弗如。你對別人的需要很敏感，也直覺地知道如何滿足對方；你希望自己是大方、好人緣的人，因此，當別人開口求助時，你也很難說不。

破解線索： 請捫心自問，你曾經用哪些方法去博得別人對你的好感？也許你會否認自己的善意有利己的動機，但是，當別人表示感激時，你的感覺如何？你是否不願意承認你想討好別人？為什麼？那樣的意圖讓你感到驕傲或難堪嗎？當別人開始以相同的善意來取悅你時，你又覺得如何呢？

別人是不是抱怨你管太多？

尤其是你關心的人，他們有沒有拜託你不要為他們「想太多或做太多」呢？第二型人是行動勝於思考的人，你常常沒有多想就跳下去幫助別人度過難關，也因此沒時間去考慮別人的感受。

破解線索： 不妨和你所關心的人做一次長談，傾聽他們對你的要求，包括他們要求你不要為他們做的事。當你想為別人做事的衝動又出現時，請誠實地檢視此刻你內心真

正想被滿足的欲望是什麼？是想讓對方需要你？還是想讓大家知道你是一個好人？

第三型：成功追求者

你真的是你自己嗎？　 40%

你擁有八面玲瓏的社交能力，這都要歸功於第三型人擅長「情境表演」的天分，也就是在不同場合都能夠稱職地表現應有的形象。為了展現迷人的一面，你不惜把自己暫時隱藏起來。

破解線索： 當你與不同的對象互動時，你所展現的「自己」是不是都不一樣？當你有這樣的改變時，會讓別人對你產生誤解或造成你的困擾嗎？

你確定你追求的成功對你真的有意義嗎？　 60%

基本上，第三型人認為大家都在追求的東西，應該就是好東西，就是值得追求的目標。

破解線索： 你對成功的定義是什麼？你的父母對成功的認定又是如何？你的朋友們對成功的標準又是如何？你能找出這三者之間的關連嗎？

第四型：個人風格者

你常常覺得別人都對你有意見？ 40%

第四型人的直覺很強，難免讓你憑著主觀去評斷別人不經意的言詞或肢體語言。因為你的注意力都放在自己身上，所以你傾向把別人的一言一行都當做衝著你而來。

破解線索： 你是獨特的靈魂，而且擁有其他性格類型所沒有的深度感受力，因此，別人並不如你一般地敏感。所以，如果你以自己的想法去解讀別人的行為，結果必定不正確。不妨開誠布公地詢問對方，得到的答案才比較接近實情。

你常常注意到別人有、而你卻沒有的地方？ 60%

第四型人對自己與別人的差異處特別敏感，甚至對自己欠缺的東西產生夢幻般的嚮往，總覺得得不到的才是最好的。

破解線索： 覺得自己在某方面比不上別人的感覺，是不是讓你不太想參加社交活動？有沒有因此影響你的人際關係呢？

第五型：博學多聞者

你常常覺得自己的生活被別人打擾嗎？ 性格慣性指數 40%

對極度注重個人空間的第五型人來說，沒有經過事先約好的拜訪或聯絡，都會讓你皺起眉頭想要逃避。而當你不得不參加某項聚會時，你只好將心思抽離，讓自己神遊在你的想像世界中，繼續思考你有興趣的事物。

破解線索：當你下次與別人共處時，觀看自己是否又在內心裡想著和眼前不相干的事物？觀察別人是否因為感受到你的心不在焉而覺得被忽視？如果角色對調，當你興高采烈地講述自己的想法，別人卻敷衍冷淡，你會有什麼感覺？

你還要等多久才會付諸行動？ 性格慣性指數 60%

第五型人總覺得自己懂得不夠，還有加強的空間，甚至覺得要懂別人不懂的知識才會有價值與自信。

破解線索：你是否太過依賴自己在某個領域的專業知識？當你有機會在社交場合中展現自己的興趣時，你是不是會特別自信與快樂？為什麼？又有哪些領域的自己是你不想讓別人知道的？為什麼？

第六型：謹慎忠誠者

你常常先想到最壞的情況嗎？ 40%

　　第六型人做事情小心謹慎，你喜歡做好所有該做的準備，好整以暇地從容交卷。

破解線索：你真的認為會有意外發生阻撓你的計畫嗎？還是往壞處想已經成為你的思考習慣？若是後者，請趕快改變你的思考方向，往正面去想。

你有沒有過度依賴某個人事物或團體？ 60%

　　第六型人相信外在力量比自己本身更能夠保護自己的安全，因此，你對於親情、友情……等社會關係相當重視。第六型人害怕一個不小心會誤入歧途，因此，你比較不敢放手一搏，擔心萬一失敗了，不僅美夢破滅，還得賠上現在的所有。

破解線索：外在力量真的為你帶來安全了嗎？如果相信自己的能力，就這麼一次，你覺得事情會有所不同嗎？

第七型：勇於嘗新者

你常常因為太無聊而採取某種行動嗎？ 40%

　　第七型人不太喜歡靜下來的的感覺，不行動對你來說是死寂與限制，而非安靜。第七型人常常將「好無聊」掛在嘴邊，其

實，你真正的感覺是不滿足。

破解線索：請稍微做一下深入思考，究竟「無聊」帶給你什麼樣
的感覺？它是否勾起你哪些回憶？

你真的喜歡讓大家發嘍的感覺嗎？ 性格慣性指數 60%

第七型人也不太喜歡冷場，只要聚會中有你，你通常會忍不
住用笑話或有趣的事情來填補安靜的空檔。

破解線索：如果你不再刻意「熱場」，你覺得接下來的場面會如
何發展？大家會因為和你一樣受不了無聊而拚命找話
題嗎？還是大家其實挺喜歡能夠安靜一段時間？

第八型：天生領導者

你是不是常常強迫別人照你的意思做？ 性格慣性指數 40%

第八型人不能忍受別人的意志高過自己的意志，所以你習慣
先發制人，或想辦法拿到主導權。

破解線索：有沒有比較人性或和緩的的方法可以說服別人？如果
你成了那個被壓迫的人，你的感覺會如何？你會心甘
情願地照著命令做事嗎？

你一定得那麼堅強嗎？

第八型人隨時都在武裝自己，因為你深信，如果不好好保護自己，別人就會看穿你內心的脆弱。你希望自己是一個強者，強迫自己要堅強、要勇敢、不能退縮。

破解線索：在什麼情況下，你會強迫自己一定要堅強？這麼努力當強者值得嗎？如果這一次你不再假裝勇敢，你覺得會發生哪些狀況？而當你不需要假裝堅強時，你內心的感覺又如何？

第九型：嚮往和平者

你能用超過十句以上的話來描述自己嗎？

在團體中顯得寡言低調的第九型人，其實也擁有想要發光發熱的願望，只是你常常用幻想來滿足內心的期待，而不是積極地採取應該的作為。

破解線索：你對自己有多瞭解？還是你覺得你對別人的瞭解都比對自己來得多？如果可以選擇，你想成為一個什麼樣的人？為了要成為那樣的人，你可以做些什麼改變與努力？

你常常放棄自己的意見嗎？ 性格慣性指數 60%

　　不願意與人衝突的第九型人總是以和為貴，遇到意見不合的情況，你會很識大體的成全別人。只是委屈自己的次數多了，你偶爾會忍不住毫無理由地堅持到底，讓別人覺得你莫名其妙的頑固。

破解線索：回想一下，你有多少次為了別人而放棄自己的想法或喜好？而這會減低了你參與該活動的熱情嗎？這麼做究竟為誰帶來好處？

【第二關】解開童年的封印

當我們進行心靈修習時，

我們面對的不只是我們的痛苦與掙扎，

同時也是我們的父母、我們的祖先們所經歷過的痛苦與掙扎。

我們就像是幾世代被禁錮的囚犯家族，

當我們重獲心靈自由時，

感覺上也像是為家族找回了自由與榮耀。

家族的印記

　　當我們進行心靈成長的修習功課，在檢視日常習慣、行為反應與內在聲音等自我探索的過程中，最讓我們吃驚的是，我們有多像我們的父母（或養育者）！即使許多人都自認與父母不一樣，但當我們更仔細、更深入地檢驗自己時，我們會發現，我們的態度與行為、心理反應、甚至安撫情緒或解決內心衝突的方式，竟然與父母的方式非常接近，甚至可以說是從父母直接「遺傳」過來。而我們的父母，也是如此從他們的父母親「接收」某些「家族傳統」，一代傳一代。

　　因此，當我們在處理我們的性格問題時，其實，獲得癒療的不只是我們自己，還包括了我們的父母，甚至我們的旁系血親與祖先。因為他們與我們一樣，都有相似的性格問題。當我們進行心靈修習時，我們面對的不只是我們的痛苦與掙扎，同時也是我們的父母、我們的祖先們所經歷過的痛苦與掙扎。我們就像是幾世代被禁錮的囚犯家族，當我們重獲心靈自由時，感覺上也像是為家族找回了自由與榮耀。

　　然而，我們還有更重要的使命，那就是不要再把幾世代流傳下來的「家族印記」傳給我們的下一代；不要讓他們經歷這些其實可以避免的掙扎與痛苦，而是幫助他們擁有更健全陽光的性格。

　　聖嚴師父曾說，每個孩子都是幫助父母成長的小菩薩。養育一個小孩就像是為自己報名一系列的心靈成長課程，因為在養育小孩的過程中，我們自己的童年問題、性格黑洞，都會一一浮現。當小孩或生活讓我們煩心時，我們經常就隨著性格擺佈，讓這些性格黑洞操縱我們的行為反應，就像一個改不了的壞習慣。我們總是自我放棄地讓性格主宰，然後才叮嚀自己以後別再犯相同的錯誤。但是，到了下一次，仍舊是重蹈覆轍。所以，我們必須改變，為了我們自身，也為了下一代。

　　相信大家都能感受得到，我們的社會經常陷入狂熱的政治氛圍；每逢選舉，就會有外省、本省的族群撕裂。而許多年輕的父母已經傾向接納不同的族群，不再特別去分別本省與外省，這麼做對我們的下一代，絕對有正面的影響。

給孩子一個覺醒的成長環境

　　自我探索的過程絕對是一場「英雄之旅」，因為我們需要極大的勇氣去面對過去的傷痛、空虛、憤怒、挫折；我們需要極大的同情心去對待自己，讓自己不會陣前逃跑。我們更需要極大的毅力，讓自己培養出好的性格習慣，而且堅持下去。

　　金融海嘯之後，世界正面臨巨大的轉變，不僅僅是經濟，連我們的價值觀也跟著轉變。因為經濟緊縮，大家的生活由過去的

揮霍變得簡約。華爾街的金童從雲端跌到谷底，世界不會再有不勞而獲的事情，人們必須更加倍的努力，才有可能擠進衝向成功的起跑線。

　　過去主張無限地擴張自我意識，鼓吹奢華的消費欲望，以及強調個人主義的時代已經結束，我們都看見這些價值觀對世界造成的衝擊與影響；因為過度強調個人的滿足，造成許多自私自利的人，以及扭曲的價值觀。

　　新的世紀將是腳踏實地的世紀，也是良知覺醒的世紀，過去我們活在欺騙、假裝、昧著良心的世界，現在，善良的風範與純淨的心靈逐漸被重視、被推崇，而「九型人格」正是一套可以幫助我們的心靈快速覺醒的工具。

九大童年封印VS.九大解印之語

性格類型	童年的封印	解印之語
第一型	你不應該犯錯……	你已經做得夠好了！
第二型	你不應該先滿足自己……	你很重要！
第三型	你不應該太在乎感受，成就才是重點……	不管你成為什麼，你本身就很棒了！
第四型	你不應該太開心……	你沒有被誤解！
第五型	你不應該太安逸……	你的需要並不過份！
第六型	你不應該太相信自己……	你是安全的！
第七型	你不應該太依賴別人……	你會被好好照顧！
第八型	你不應該太輕易相信別人！	你不會被出賣！
第九型	你不應該堅持己見……	你的意見很重要！

第一型 理想崇高者

與父母的關係：對父親（或保護者）不認同。

潛意識的運作：只要我管好自己，就不必擔心被別人責罵。

心靈的絆腳石：如果我像小孩子一樣幼稚，就不會有人愛我或關
心我。

強迫性的行為：只要我愈害怕，我就必須做得更完美。

揮不去的陰影：我如何才能夠不踰越這個世界的規範？

　　第一型小孩努力想成為好小孩，但同時也努力讓自己不像一
個小孩。因為對父親或保護者（為我們制訂行為準則，教我們做
人處世道理的人）的失望，或周遭環境讓第一型小孩覺得必須倚
靠自己的判斷力，促使第一型小孩自認應該要像大人一般的理性
思考與負起責任。有些第一型小孩深刻感受到家裡的期待，正如
第三型小孩一般，這兩種人都會很認真地扛起家族榮耀或家族傳
統。由於對父親是不滿意的，因此，第一型小孩決定自己當「父
親」，自己成為自己的引導。第一型小孩會嚴厲地督促自己的言
行、教養、學業成績……當自己的表現不如預期時，第一型小孩
會對自己生氣，甚至自我懲罰。

童年的傷痕

背負家庭的責任

　　由於不得不自己教導自己，第一型小孩發展出強大的超我意識與過度的責任感。尤其當第一型小孩生長在亂無秩序的環境中時，他們常常成為家裡的「秩序維護者」。第一型小孩會不由自主地監督父母或其他的兄弟姊妹有沒有盡到本分；如果有人犯錯，第一型小孩會像父親一般地教訓人。

　　為了不讓自己被別人教訓，第一型小孩會對自己設下一般人達不到的標準，並且嚴厲地要求自己做到。因為，如果能夠讓自己保持於最高境界，那麼誰還有資格來管教他呢？如此一來，第一型小孩就可以獲得獨立與自主，不必擔心被別人批評或責罵。

童年愈受傷，人格愈嚴厲

　　因為對父親角色所展現的行事方式感到失望或沮喪，第一型小孩傾向為自己訂定更嚴格的規範，以免重蹈父親的覆轍，也因此發展出嚴厲的超我意識，隨時監督並鞭笞自己的反應與行為。第一型小孩的內心一直迴響著來自超我的批判：「你還不夠好，你要更好，而且要不斷地進步！」對父親愈失望的第一型小孩，對自己的要求就愈嚴苛；長大後，對別人不合乎他期望的行為，更是難以通融。

我不能像小孩子一樣不懂事

　　即使童年經驗並未造成過度的性格扭曲，第一型小孩仍然會擁有極高的自我要求與期待，認為自己應該要做點有意義的事情。第一型小孩並不允許自己做出孩子氣的事情，所以他們常給人「超齡」的感覺。如果父親角色讓他們很失望，第一型小孩會期許自己表現得比父親更好。但是，對努力當乖小孩的第一型人來說，「超越自己的父親」是多麼大逆不道的事情啊！因此，第一型小孩只好要求自己做得更好、更完美無缺，甚至把別人都定位在「比較差」的地位，如此，他才能理直氣壯地比父親優秀，而不致於感到罪惡。

家族的印記

缺乏信賴別人潛力的能力

　　由於某些童年經驗讓第一型人自認自己是不重要的，甚至也不會有人支持他的想法，因此，第一型人更加倍地想要活出人生的意義。第一型人在小時候通常至少會有一次體認到自己能力不足的經驗，也就是，他發現自己對外在的事物並不是那麼瞭解，而身邊重要的人似乎也不甚瞭解。因此，第一型人決定還是靠自己比較安心；把標準訂高一些比較保險。

以批評別人掩飾內心的憤恨

對父親愈不滿，給自己的包袱就愈沉重；當發現別人的包袱愈少時，內心的憤恨就愈強烈。因此，許多第一型人是很愛生氣的，因為可以生氣的理由太多了：為什麼別人可以不負責任，自己卻不行？為什麼別人可以不孝順，自己卻不行？為什麼別人都能輕易說笑，自己卻很難放鬆？第一型人只好藉著挑剔別人的毛病，來發洩內心暗藏的不高興。

守法是自我保護的最佳方式

第一型人在情感上是否定不稱職的父親，在內心上對父親是有抱怨的；因為父親的失職，害自己必須辛苦的摸索。所以，基本上第一型人一直在尋找某個可以終生信守的規範或理想。在現實世界中，能夠提供第一型人強大安全感的莫過於法律或社會既定的規則，因此，第一型人通常是法治的擁護者。然而，一旦失去可以遵從的規範時，第一型人就像失去父親的指引，往往會不知道該如何反應了。

心靈的缺口

當你失去信賴別人的能力時，你成為一位第一型人

第一型人為自己定下極高的標準，而當他環顧四周，發現

其他人的自我標準居然不是那麼嚴謹時，他的內心感到稍許的不平衡，也因此不太相信別人能夠和他一樣，把事情做得正確、做得好。第一型人開始相信，只有自己有資格與能力去改善不正確的事情；不過，從此他也背負了更多原本不是他分內的工作與責任。不信賴別人能力的結果，第一型人只好事必躬親，大小事情只有自己做最放心。

心中有無數把尺，審判隨時都在進行

　　童年傷痕讓第一型人感覺到，別人不見得比自己可靠，外在的環境常常有許多讓人難以忍受的地方。於是第一型人對每件事情都有自己的標準，也只相信自己的標準；凡事要按照他的標準去做才有可能完善。因此，第一型人習慣以自己的標準去衡量自己與別人；只要自己能做到的，他認為別人應該也能做到。

 **古道熱腸者**

與父母的關係：對父親（或保護者）有矛盾的情結。

潛意識的運作：只要我像母親一樣守護大家，就不必擔心被遺
　　　　　　　棄。

心靈的絆腳石：如果我只想到自己，就不會有人愛我或關心我。

強迫性的行為：只要我愈害怕，我就必須付出更多。

揮不去的陰影：我如何才能夠被大家喜歡？

　　為了想要得到父親的注意與愛，第二型小孩潛意識地扮演
母親的角色──無私地為家人犧牲奉獻。這裡所談及的「父親」
角色，指的是在成長過程中教導第二型小孩自我規範、社會價值
與道德傳統的主要人士。長大後，第二型小孩也將「付出才有回
報」的模式帶到各種人際關係中：努力成為團體中的大好人、最
貼心的好朋友、大家的啦啦隊長……總之，就是那個只管付出卻
不開口要求回報、如母親一般的角色。第二型小孩從家庭關係中
學習到的是：滿足自己是自私的行為；要獲得愛，自己必須先付
出愛。因此，第二型小孩努力在家裡尋找可以幫忙的機會：照顧
弟妹、料理家務、甚至成為父母的精神支柱。第二型小孩深信，
必須要有所付出，他們在家裡才能占有一席之地，才有機會得到

父母的愛。正如第八型人自動扛起父親的責任，第二型人也認為自己有照顧家人的義務。

童年的傷痕

為家庭犧牲自我

　　由於渴望得到父親的注意或認可，第二型小孩對家人的需要產生敏銳的觀察力；成年後的第二型人就像一台雷達，無時無刻不在搜尋身邊人的需要，尋找自己能夠切入別人生活的機會。因為某些童年經驗讓第二型小孩相信，自己本身是不值得被愛的，除非自己對別人有所幫助。因此，第二型小孩不僅對家人慷慨付出，同時還會想辦法取悅家人；做任何決定，最先考慮的是家人的需要或感受。當然，如果性格極不健康，則有可能以「為了家人好」之名，但實際上卻是滿足自己需要被愛、被關懷的欲望，甚至想要左右家人的決定。

童年愈受傷，人格愈迂迴

　　因為習慣性地壓抑自我需要或感受，第二型小孩很難對別人開口尋求協助或坦白自己想要什麼。隨著壓抑的程度愈深，第二型人逐漸不再去感受內心的渴望，反而向外投射到與自己有相同遭遇的人身上，盡力去照料別人，藉此安撫內心的渴望。愈壓

抑自我的第二型人，愈容易被別人的苦難所吸引；當第二型人努力去撫平別人的傷口時，他想挖掘的，其實是自己內心受傷的真相。當第二型人愈努力壓抑自己的需要，他會不自覺地更想讓這個需要輾轉獲得滿足。

我要你聽我的，完全是為了你好

第二型人的超我非常忙碌，它不僅得隨時提醒第二型人不能自私，同時它也對別人的付出進行評比。基本上，即使受幫助的人沒有回饋，第二型人也很容易釋懷，只要他確認自己是在做一件好事。對第二型人來說，做一個好人所帶來的滿足感，勝過別人的感謝。只是，當性格健康度不夠時，第二型人卻仍舊以「我是一個好人；我是為了別人好！」來漂白自己想要控制別人的欲望，間接地滿足情感上的需要。

心靈的缺口

當你失去想法和感受的連結時，你成為一位第二型人

第二型人並不信任自己，尤其是自己的感覺與想法，所以，他希望透過幫助別人以獲得別人對他的信任，藉此滿足內心不信任自己的傷痛。第二型人很少向內探究自己是誰，因為，不論他找到什麼，對他來說，都是毫無價值的，因為第二型人認同的自

我價值，是來自別人的肯定。從此，第二型人為別人而忙碌、為別人而活，但潛意識裡，他真正要滿足的人是自己。

愈不相信自己的感覺，愈熱切地想要介入別人的生活

第二型人一直在「不值得被愛」與「無法信任自我感覺」的痛苦中掙扎，因此，他只有向外逃，逃進別人的生活裡尋找救贖。從小，第二型人習慣否定或忽視內心的感覺、需要、想法、欲望……所以，他對自己不太瞭解；逐漸地也沒有時間去瞭解，因為他忙著向外尋找與自己有類似需要的受難者。從那些需要幫助的人身上，他彷彿找到了自己。

家族的印記

缺乏相信自己值得被愛的能力

由於某些童年經驗讓第二型人自認自己是不值得被愛的，甚至必須去「賺取」別人的愛；需要與感受是自我中心的產物，是自私的表現。因此，第二型人總是在別人的需要裡尋找自己的價值；也就是透過幫助別人，來肯定自我存在的意義。於是第二型人把別人的需要放在自己的需要之前，也把自己的尊嚴與價值放在不重要的位置，甚至是被忽略的角落。

以影響別人滿足內心對愛的渴望

　　對第二型人來說，所有的犧牲只有一個目的，那就是為了得到別人的愛與注意。因此，當別人表現對第二型人的認同與依賴時，第二型人會產生到強大的幸福感與滿足感，一種被愛的感覺。第二型人堅信自己對別人是好意的（他常常看不見自己對別人的幫忙，其實隱含著想要別人回報的欲望），所以，當別人有困難時，他認為對方理所當然應該來找他求救，而當對方並未這麼做時，第二型人所受到的打擊將如失戀一般痛苦且憤怒。

付出是自我保護的最佳方式

　　潛意識裡，第二型人對自我價值是自貶的，當不值得被注意與被喜愛的挫折感又浮現時，第二型人會迫切地向外尋求安慰——從幫助別人的成就感裡找到自我價值。為了彌補內心不信任自己價值的傷口，第二型人努力讓別人肯定自己，甚至讓別人不能沒有他。第二型人展現強大的犧牲奉獻能力，讓別人相信他可以不求回報地為別人付出。透過幫助別人，第二型人間接感受到「自己比別人幸運、比別人好」的優越感，以滋潤內心自我遺棄的傷痛。

第三型 成功追求者

與父母的關係：對母親（或養育者）認同。

潛意識的運作：只要我表現夠好，母親就會高興。

心靈的絆腳石：如果我毫無成就，就不會有人愛我或關心我。

強迫性的行為：只要我愈害怕，我就必須比別人更好。

揮不去的陰影：我如何才能夠讓大家都羨慕我？

　　為了讓母親高興，第三型小孩努力地想達成母親的期待；即使母親從未明白表達期許，第三型小孩還是會自覺或不自覺地去「找出」母親的期望，然後達成它。這裡所談及的「母親」角色，指的是在成長過程中提供第三型小孩照護、認同感、自我價值界定與關愛的主要人士。由於大人們總是因為第三型小孩有好的表現才會給予讚美，因此第三型小孩把自己的價值建立在優異的表現上。長大後，第三型小孩拚命地想成為團體中最優秀的分子，因為這是獲得大家的注意與尊敬的最快方式。然而，許多成功的第三型人未必真正滿意自己的生活，因為他或許不清楚內心究竟想要什麼，但他卻知道自己所做的並不是自己真正喜歡的事情。還有部分的第三型小孩因為大人給予過度的期待與鼓勵，讓他們反而不敢承認自己的不足，只有強迫自己想辦法做到最好。

童年的傷痕

為家庭找回榮譽

由於渴望得到母親讚許的微笑或認可，第三型小孩將母親的喜好與期待，內化成自己的行事標準與目標。他希望自己的表現能夠讓母親感到驕傲；甚至有些第三型小孩深感家庭的背景有瑕疵（比方說，父親有外遇……等不可告人的醜聞）、或社會地位並不高，因此，他必須設法將家人從抬不起頭的名聲中「拯救」出來。許多第三型人都清楚自己選擇的職業並非自己的最愛，他只是想快一點給家人更高尚的生活。甚至部分第三型人根本從來沒想過「個人興趣」這個問題，因為他是依照家人（尤其是母親）的喜好來決定職業。

童年愈受傷，人格愈空洞

因為太在乎母親的感受，第三型小孩只好調整自我以配合母親；母親的性格健康度愈不好，第三型小孩拋棄自我的程度就會愈深。而當母親的期待是不切實際、甚至超乎第三型小孩的能力時，第三型小孩會因為無論如何努力都達不到要求，而產生強烈的挫敗感；同時，潛意識裡感覺到自己的本質並不被重視，進一步產生憤恨的仇視心態。對於那些比他優秀的人，或不欣賞他的人，第三型小孩會表現潛在的敵意。

我的成功值得肯定

　　眾人的喝采與羨慕的眼光是第三型人的生命燃料；然而，第三型人其實不想要取悅所有人，他只想要得到某些他所認定對象的肯定。因為強烈的成功動機，讓第三型人不得不日以繼夜的工作；而成功的形象，更讓他們難以想像失敗的可能，尤其是不被大家認可的陰影。正如小時候一心只想獲得母親的認同，長大後的第三型人注定是為了別人的掌聲而鞭策自己向前。

心靈的缺口

當你失去相信愛的能力時，你成為一位第三型人

　　第三型人的心理與身體一樣忙碌，他一方面必須承受內在不斷督促自己向前的衝力，另一方面也得應付隨之而來的過量工作與活動。在每天時間都不夠用的情況下，他哪裡還有心情去探索自我。同時，為了爭取眾人的好感與注意，凡事要求面面俱到的第三型人，更不可能有時間去挖掘自己存在的真正價值。由於把讚美當做愛的表現，第三型人也因此失去認識真愛的機會。

愈不相信人可以單純地去愛，就愈積極地想要證明自己的價值

　　第三型人相信要有所表現才有被愛的價值，因此他對於「愛」是有所保留的，寧願淺嚐即止，也不願意讓別人看見自己

不值得被愛的空洞內在。當第三型人發現，不論接受或付出愛都是有風險的，所以他乾脆把精力投注在追求成功，因為他相信，只要成功，注意、讚賞與愛也將隨之而來。然而，當一個人對生命有所保留時，是很難感受到真正的滿足或喜悅。

家族的印記

缺乏愛的能力

　　由於某些童年經驗讓，第三型人誤把讚美與愛劃上等號。從過去與母親的互動經驗中，第三型人發現了一個保證會獲得讚美的方式，那就是讓認同他的人更欣賞他。正如母親曾經因為他的表現而不斷地給予讚美。因此，第三型人總是努力地想搏取仰慕者的掌聲。捨棄自我以迎合別人的期待，無法真正去愛自己與愛別人的第三型人，只有更嚴厲地要求自己表現更好，以換取更多愛的感覺。

以成功填補捨棄自我的空洞

為了填補內心缺乏愛的空洞，第三型人專注於未來，努力達成計畫的目標，以換取更多的掌聲與認同。第三型人緊緊地抓住每一個成功的機會，以驅使自己不斷衝刺。然而，當第三型人把成功的欲望與願景當做是衡量自我價值的標準時，他會更不容易看清楚自己真正的感覺與喜好，也就更難懂得愛的真諦。

成就是自我保護的最佳方式

因為童年時期的自我並未受到重視，成年後的第三型人不太相信有人會因為他的本質而愛上他。其實，否定第三型人自我價值的往往不是別人，而是第三型人自己。因為潛意識裡的自我否定，第三型人不得不利用外在的東西來填補自我價值的空虛。十個第三型人中有九個都是工作狂，他們或許未必樂在工作，但為了維護認定的自我價值，他們不得不努力工作。

 **第四型 個人風格者**

與父母的關係：對父母（保護者與養育者）不認同。

潛意識的運作：一定是我哪裡不好，父母才會疏忽了我。

心靈的絆腳石：如果我更瞭解自己，就能夠找出與家人不相合的
原因。

強迫性的行為：只要我愈害怕，我就更得要釐清內心的感覺。

揮不去的陰影：我如何才能夠讓大家瞭解我？

　　第四型小孩是家裡的邊緣分子，因為他總覺得自己跟誰都不像。有不少第四型人在童年時候都曾經幻想過自己是父母抱錯的小孩或被領養的孤兒。總之，第四型小孩自認與父母的連結不是很深，最主要的原因是，他覺得父母並沒有「看見」他的特質，而他在父母身上也找不著自己想認同的特質。然而，第四型小孩把原因歸咎到自己身上：「我一定有什麼缺點或奇怪的地方，所以父母才不看重我，而我也沒辦法像別的小孩那樣自然地向父母親認同。」於是，第四型小孩開始探究自己到底像誰？自己究竟是誰？同時，因為認定自己必然有與別人不同的地方，第四型人從小對於自身的缺點非常敏感，尤其對於自己所缺乏的東西或特質，更是在意得不得了。此外，第四型人內心總認為父母誤解或

遺棄了他，長大後，他也把這份感覺投射到身邊重要的人身上。

童年的傷痕

與家人格格不入

　　許多第四型人認為自己的童年是孤單的，有些人是因為父母離異或生病；有些人是因為沒有兄弟或姊妹可以認同；有些人則只是因為與家人處不來。即使生長在正常家庭的第四型人，仍然會覺得自己與父母就是談不來，性格不同，或想法南轅北轍。於是第四型小孩決定轉回內心世界，自己尋找答案，甚至依照自己的理想「打造」一個夢幻自我。第四型人原本只是想瞭解自己是誰，也許自己和別人並沒有不一樣，只是往往卻深陷探索自我的弔詭中，被自我情緒過度干擾。

童年愈受傷，人格愈夢幻

　　第四型人潛意識地在尋找「父母」的角色，也就是可以讓他產生認同感的人。對於那些擁有第四型人所想要的特質的人，或對第四型人表現出「心有靈犀」的人，常常會雀屏中選。一旦遇上了，他甚至會把對方過度美化，把自己所嚮往的特質，在對方身上一一放大。然而，當對方表現得太好時，第四型人又會開始嫉妒對方擁有而自己卻沒有的東西，或對對方期望太高，失望也

愈大。同時，第四型人也會把自己未被父母瞭解的怨氣，投射到
對方身上。

永遠在找「對」的人

　　由於對「自己究竟是誰」仍感困惑，第四型人對於人際關係
是忽遠忽近的，甚至採取「離開──靠近」的模式，也就是刻意與
人保持距離，但其實是期待別人注意到他、找到他、並且用愛拯
救他。然而，強烈的情緒與忽冷忽熱的反覆態度，尤其當第四型
人遇到衝突時傾向先自我封閉，如此純憑自我感覺的行為模式，
經常讓身邊重要的人感到疲累而離開。第四型人對於喜歡的人，
容易有不切實際的期待；然而，當他發現對方不如預期時，他會
轉頭尋找新的目標。

心靈的缺口

當你失去信任別人的能力時，你成為一位第四型人

　　因為害怕被拋棄，第四型人傾向「測試」親情、愛情、甚
至友情，而且常常到了決裂或分手的臨界點時，第四型人才戲劇
化地鬆手。他想知道，自己在對方的心中到底有多重要，重要到
對方是否連自尊都可以捨棄不要。對愛人的考驗與磨難，是第四
型人暫時抒解內心不安全感的方式之一。而擔心被遺棄的莫名恐

懼，仍然如影隨形地等待下一次擊垮第四型人的機會。

愈覺得自己和別人不一樣，愈想要凸顯自己的不同

　　由於在父母身上找不到足以認同的特質，第四型小孩開始觀
察自己與別人究竟有何不同，同時他也將自己與眾不同的特質，
當做是自我意識的一部分。因此，第四型人發展出「我就是和別
人不一樣」的自我意識，讓他很難看見自己與別人其實也有很多
相似的地方。於是，做一個「普通人」成為第四型人最大的夢
魘，因為對第四型人來說，「與眾不同」是自我意識的根基，如
果少了根基，自己什麼都不是。

家族的印記

缺乏信任別人的能力

　　由於某些童年經驗讓第四型人感到被父母忽視或精神遺棄，
讓第四型人不得不寄望自己尋找屬於自己的真相。因為父母在情
感上或身體上對第四型人的疏離，讓第四型人的自信被遺棄的痛
苦與怨恨所取代，甚至認為自己一定是太平凡，所以才無法吸引
父母的注意。日後在親密關係中，第四型人也抱著隨時會被拋棄
的恐懼，一旦覺得感情有問題，第四型人甚至會搶先提出分手。

不斷追憶過去，只為找出被遺棄的原因

為了安撫內心被遺棄的傷痛，第四型人常常回想過去，沉緬在曾經發生的悲劇中，試圖想要找出自己被遺棄的原因。只是，在負面的情境中遲遲不肯走出來，讓第四型人變得更悲觀與自憐。比較建議的方式是，第四型人能夠從過去的經驗中適時地把注意力拉回到眼前的真實生活與現在的自己，把精力投注在如何讓現在的自己不重蹈覆轍。

離開是自我保護的最佳方式

第四型人對探索自我有濃厚的興趣，因為他總覺得別人都不瞭解他的優點與特質。因此，他必須靠自己去挖掘、去呈現給眾人看。第四型人藉著與眾不同、或表現出戲劇化的情節與張力、或與人群保持距離地孤芳自賞……目的都是在引起別人的注意、發現他的存在，好讓有心人可以靠近他、瞭解他。

第五型 博學多聞者

與父母的關係：對父母（保護者與養育者）有矛盾的情結。

潛意識的運作：我在家裡沒有安全的立足之地。

心靈的絆腳石：如果我保持距離，就不會受干擾。

強迫性的行為：只要我愈害怕，我就更得把事情分析透徹。

揮不去的陰影：我如何才能夠靠自己在世界上存活下去？

　　許多第五型人回憶起童年，都認為自己在家裡並未有放鬆的感覺，主要原因是父母過度關心或干涉，讓第五型小孩不得不自行尋找能夠帶來安全感的事物。第五型小孩喜歡沉浸在自己的世界裡，思索事物、獨自玩耍、或以某種情緒把自己籠罩起來。此外，由於害怕被家人的需要或情緒所淹沒，第五型小孩嘗試把注意力從與個人相關的事物和情緒，轉移到非人類的生物或物體。生性害羞而安靜的第五型小孩，就算一個人也可以玩得很開心；他們對心智活動或可以發揮想像力的事物特別感興趣。例如：閱讀、玩電腦或電腦遊戲、演奏樂器、蒐集並研究昆蟲植物、做小型化學實驗……都可以讓第五型小孩樂不思蜀！也難怪第五型小孩的父母們總是擔心他們是否有社交障礙，不然，為何寧願自己玩而不要玩伴。

童年的傷痕

來自家人的情緒負擔

　　第五型小孩為了逃避來自父母或家人的情緒宣洩，而躲進自己的內心世界。部分第五型小孩的父母有過度的情緒化現象，可能由於父母本身的性格健康度不佳、或婚姻問題、或酗酒等其他不良習慣，讓第五型小孩覺得家裡沒有他可以依靠的支柱。因此，第五型小孩不知道應該如何面對父母，甚至不知道自己有無能力應付外在的世界。

童年愈受傷，人格愈離群

　　正如第二型小孩與第八型小孩想憑藉一己之力獲得父母的愛，第五型小孩也曾經思考過自己能夠為家庭做些什麼。但他們卻發現，自己根本沒有幫忙的空間；可能是父母把家裡照顧得太好，也可能是父母並不看重家庭生活。總之，在家裡找不到地位的第五型小孩，決定退回內心世界，努力培養某種很少人會的深奧技能，好讓家人刮目相看。因此，部分第五型人在很少人學習的特殊領域有極優異的表現，而對於眾所周知的領域，他們卻是興趣缺缺。

保持距離，以策安全

　　第五型小孩內心希望與父母的互動關係是：「不要對我要求什麼，因為我也不會要求你們什麼。」長大後，他也將這樣的模式帶到親密關係中。第五型人期待獨立的另一半，他尤其希望自己有充裕的時間去從事自己喜歡的事情。第五型人需要更多的個人隱私空間，甚至是實質的身體距離，第五型人通常不喜歡與別人靠得太近。也許這都與第五型人小時候自覺在家裡無安全的容身之處有關係，總是擔心自己被父母打擾，或被家中事務所困擾。

心靈的缺口

當你失去期望自己的能力時，你成為一位第五型人

　　因為自認在家裡沒有安全的立足之地，第五型人轉向知識領域尋求安慰。童年時承受情緒化的教養、遭到情緒或身體上的冷淡，就像一把利刃切斷了第五型人的自信，甚至讓他感覺自己在世界上是多麼地微不足道，甚至連自己也無法依靠自己。為了掩飾內心的空虛感，第五型人以大量的知識或專精的技術，來彌補自己的渺小感。

愈想解決現實世界的疑惑，愈往思想世界裡打轉

　　儘管第五型人精采的思想世界是他尋找慰藉與自信的來源，但是，旺盛的腦部活動卻容易讓第五型人對外在世界更感焦慮與不安。因為外在世界的浮光掠影讓第五型人感到好奇，然而，第五型人喜歡深入探究事物的習慣，常常讓他們由小處聯想更多，有可能因此深陷想像與推論當中，反而距離現實世界愈來愈遠。

家族的印記

缺乏期望自己的能力

　　不少第五型人表示，曾暗自希望有人可以激發出他們的自信，因為他們很難有信心滿滿的感覺。也有部分第五型人傾向把處理生活中雜務的工作全部推給另一半，他們自認不擅長與別人打交道。由於害怕被外在世界吞噬，第五型人傾向以「二分法」來界定他們的生活：外在世界（要小心應付的）與內心世界（自己想的是對的）、主體（自己）與客體（別人）、已知的與未知的、危險的與安全的⋯⋯第五型人喜歡先建立一個準則，然後，把所有事情套進這個準則裡。只是如此一來，第五型人很容易就失去他最自豪的客觀立場。

永遠在做準備，只因為沒有勇氣呈現

　　為了填補內心自信不足的缺憾，第五型人拚命地想要在某個領域成為出色的專家，因此他們會投注相當驚人的精力與時間去研究學習。然而，童年遭到漠視的傷害仍然存在，缺乏自信的陰影表現在第五型人缺乏公諸作品的勇氣上。第五型人擁有漂亮的計畫，但常常停留在蒐集資料的準備當中；或不斷地修正作品，而遲遲不願意發表成果。因為缺乏信心的他，總認為自己還沒有準備好。

獨立是自我保護的最佳方式

　　第五型小孩意識到，如果不想受父母干預，就必須切斷對父母的渴望，尤其是對母親的渴望。保持獨立，不受外力干擾，為第五型人帶來安全感；同時，也讓第五型人有充分的時間去學習他們想要讓別人驚豔的才能。有不少第五型人喜歡沉浸在音樂世界中，因為音樂可以獨享，也可以眾樂樂。音樂不但是與人溝通的橋樑，也是逃離現實世界的管道。

第六型 謹慎忠誠者

與父母的關係：對父親（保護者）認同。

潛意識的運作：我自己的判斷並不可靠。

心靈的絆腳石：只要有足夠的支持，我就可以獨立。

強迫性的行為：只要我愈害怕，我就得找更多人來支持我。

揮不去的陰影：我如何才能夠得到充分的支持？

　　每一個小孩的內心都害怕失去雙親，只是大部分的小孩會壓抑這種恐懼，熬過焦慮的時刻。然而，第六型小孩卻卡在這個恐懼當中走不出來，擔心自己在世界上孤立無援，無法生存。在幼兒心理發展的過程中，原本對母親相當依賴的幼兒，會開始想要體驗獨立的感覺。這時，幼兒需要有人帶領他們走出母親的懷抱，去探究外面的花花世界；而父親或保護者正是提供指引與指導的角色。如果，父親能夠適時地提供穩定的支持，小孩內心的安全感便會大大提高。當然，每一位父親不見得都能適時地給小孩需要的支持，因此，當小孩成長後，難免有不同程度的不安全感，只是第六型小孩似乎被不安全感所淹沒。

童年的傷痕

缺乏家人的支持

　　為了不讓自己被母親或養育者所擺佈或傷害，第六型小孩渴望父親出面營救自己。也有部分第六型人則是因為父親在他的成長過程中缺席，讓他失去父親般的指引。不論何種情況，當第六型人得不到父親角色的認可時，他通常會不知所措，焦慮感便油然而生。因此，第六型人終其一生都在追尋如父親一般的人事物，能夠帶領他前進，安撫內心的焦慮。部分第六型人更表示在童年時曾經遭受家人的捉弄或欺侮，讓他自此對人容易抱持懷疑的態度。

童年愈受傷，人格愈反動

　　如果很不幸地，第六型小孩的父親不僅沒有提供支援，甚至還會高壓地想要控制第六型小孩，待第六型小孩成年後，會對權威者產生懷疑或反動的立場。第六型小孩害怕童年被父親不公平對待或羞辱的惡夢會再重演，於是他會加倍地武裝自己或絲毫不容挑釁的自我防禦，甚至為了反對權威者而反對。反權威的態度，經常出現在第六型的各種人際關係中，甚至讓第六型人發展出不健康的威權性格，反而四處欺壓別人。

我比較不相信自己的判斷

　　不論父親是好是壞、有沒有提供正面的支持，父親這個角色都對第六型小孩產生無可磨滅的影響；同時，第六型小孩會把與父親相處的模式，帶到日後的人際關係中。許多第六型女生在尋找另一半時，潛意識裡多是以對父親角色的渴望去篩選對象。如此，以期待找到生命導師的心態去經營親密關係，常常也是第六型人感情破裂的起因。

心靈的缺口

當你失去相信自己與別人的能力時，你成為一位第六型人

　　因為童年時期的經驗，讓第六型人不敢完全相信自己的判斷力，同時也不敢依靠別人的答案，讓第六型人只好不停地向外尋找支持自己內心想法的力量。然而，不論第六型人獲得多少支持，他仍舊抱持懷疑的態度。第六型人永遠在尋找安全感、自信感以及穩定感，因此，他非常專注在目前進行的事物上，小心翼翼地檢測，一切是否如預期中進行，並且一再確認相關人等是否適合或勝任。

愈想向外尋找讓自己獨立的支持，愈讓自己變得依賴

　　正如第三型人放棄自己的喜好以配合母親，第六型人為了獲

得父親的支持，也只好切斷對自己的信任。不相信自我能力的結果，讓第六型人對權威特別服從；但是，內心深處又不時地想恢復自我，於是對權威又開始反抗。就這樣，「服從──反抗」在第六型人的人際關係中反覆上演。而對權威來源的依賴，也在反覆的關係中一再被加強，讓第六型人更難以獨立。

家族的印記

缺乏相信自己與別人的能力

　　強烈缺乏安全感的第六型人需要不斷的支持與肯定的力量。每當有惱人的問題要解決時，第六型人會四處詢問意見。即使大多數人都贊成某一個答案，第六型人也未必會採信；即使每個人都支持第六型人的答案，第六型人仍舊不敢百分百地相信自己的決定是對的，因為他既不太相信自己，也不太相信別人。如此好質疑的態度，讓第六型人經常改變他的決策，因為他時常在評估各種答案的優缺點，也因此給旁人一種反覆善變的印象。

矛盾的靈魂

　　由於第六型人從小的經驗是：「不要太相信自己的判斷。」因此，第六型人在內心常常不斷質疑自己的決定，並且以父親或保護者的標準──「超我」，來檢視自己的判斷。第六型人和第一

型人一樣，都向「超我」服從；而第六型人更在心裡不斷揣測，他信賴的人面對眼前的問題將會如何做決定。一旦自己的想法與權威或超我的想法不符合時，第六型人會更焦慮、更難決定；一方面深怕自己的決定「忤逆」了權威，另一方面又不想違背自己的心意。第六型人就這樣常常陷入天人交戰而煩惱不已。

歸屬是自我保護的最佳方式

如果第六型小孩擁有一位能夠適時給予建議與指導的父親，長大後，他對於權威會相當服從；他會在生活中尋找與父親相等的角色，然後凡事都以這個角色的意見為主要參考。這個擁有如父親一般力量的權威者，可能是他的伴侶、朋友、意見領袖、或某種專業諮詢顧問……第六型人會非常捍衛他所認定的人事物，如果有人挑釁，他會感到相當惱怒。第六型人需要歸屬感，當他依附在某個他信賴的團體或價值觀之下時，他才能感到安全。

第七型 勇於嘗新者

與父母的關係：對母親（養育者）不認同。

潛意識的運作：我得為自己找更多的資源。

心靈的絆腳石：我不想錯過任何樂趣或好處。

強迫性的行為：只要我愈害怕，我就得更讓自己快樂。

揮不去的陰影：我如何才能夠得到真正的滿足？

　　第七型人在很年幼的時候就被失去母愛的挫折所困擾，他發現母親「有問題」，自己似乎無法從母親那兒獲得足夠的照顧或認同的感覺。可能的原因很多，也許是因為家裡有新生兒獨占了母親的注意、或母親很忙碌、或母親生病、甚至也許是某些原因讓第七型小孩無法與母親天天見面……總之，自覺失去母親關愛的第七型小孩，潛意識裡決定自己當「母親」，不再等待其他人來照顧自己，而是倚靠自己來滿足所有的需要。和第六型小孩一樣，第七型小孩也擔心失去雙親，只是不同於第六型小孩以尋找父親的支持來自我安慰；第七型小孩則是以某件能帶來快樂感覺的物品，來安撫內心的焦慮。小時候，一個玩具、一件毛毯或一個玩伴，也許就能讓第七型小孩感到暫時的安慰；長大後，馬不停蹄的活動、一個接一個的計畫、各種嶄新的體驗，都是第七型

人用以安撫焦慮的替代品。

童年的傷痕

缺乏對家人的信賴

　　第七型人並不見得與母親的感情一定很疏遠，只是由於發覺母親並不是一個能夠完全依賴的對象，導致第七型小孩產生強烈的不安全感。也有部分第七型人表示，他們擁有一個非常疼愛而且照顧他們的母親，但對於母親一直想把他們緊繫在身邊的過度關愛，讓這些第七型人只想逃開。一旦逃開母親的掌握，自己當然也就必須為自己找到「足夠」與母親的付出相匹配的資源。所以，無論是哪一種情況，第七型人「害怕不夠」的性格特質，都成為左右他們外顯行為的關鍵之一。

童年愈受傷，人格愈貪多

　　第七型人在童年時的被剝奪感愈強烈，長大後，他會更需要以不虞匱乏的物質享受或體驗不完的有趣事物，來平撫內心失去關愛的痛苦與焦慮。童年愈受傷的第七型人在潛意識裡是非常任性的，強烈希望自己所有的欲望都必須馬上被滿足。因為任何他認為可以帶來快樂的事物，都是用來填補母愛缺憾的替代品，也是安慰自己並不悲慘的禮物。

好東西必須靠自己爭取

大多數的第七型小孩都覺得母親給的不夠，即使母親並沒有刻意要傷害他們。此外，戰爭、貧窮、大時代的艱困背景……都讓第七型小孩產生存活的危機感，並且深深感受到：「好東西不會白白從天上掉下來。」因此，害怕被剝奪的恐懼感，就成為第七型人最主要的行為動機。他們必須為自己精打細算；最好凡事多多益善，用不完沒關係，只怕不夠用。

心靈的缺口

當你失去愛別人的能力時，你成為一位第七型人

聰明慧黠的第七型人通常是眾人的開心果，他們的幽默與活潑，讓周圍的人感到十分有趣而且輕鬆。只是在第七型人努力製造歡笑的背後，其實隱藏著一顆想要愛人卻又不敢愛的心；第七型人只好退而求其次，想辦法讓大家開心而且願意待在他們的身邊，一起共度歡樂時光。為了讓大家開心，也讓自己高興，第七型人常常在動腦筋想新點子、找新樂子，生活中永遠充滿興奮的體驗與即將展開的新計畫，而這正是讓第七型人暫時忘記痛苦的最佳避風港

愈想轉移消除痛苦，愈讓痛苦累積更多

　　第七型人的輕鬆態度與追求自由的立場，常讓周圍的人覺得他樂觀又瀟灑，然而，對部分第七型人來說，這都是假象；當然，第七型人通常不會承認自己正在為某個問題苦惱。第七型人習慣以笑容驅趕煩惱，以快樂掩蓋痛苦，除非他已經意識到，為什麼非得要倚靠外界的活動，來讓自己感到放鬆或滿意？否則，第七型人若不願意學習承受痛苦，他們的心靈便很難有成長的機會，也愈來愈難感到放鬆與滿意。

家族的印記

缺乏關愛別人的能力

　　由於自覺得不到母親足夠的關愛，第七型人以愛自己為第一優先，因為他害怕童年時期被母親拋棄的痛苦與失去母愛的匱乏會再重演，害怕愛上別人也會遭遇同樣的失望。 第七型人或多或少在童年時期都曾遭受到不同程度的情感創傷，尤其是自覺被母親「切割出去」，因此，第七型人自動關閉了情緒的感受器，不讓任何痛苦的感覺接近自己。

沒有什麼是無可取代的

　　第七型人潛意識裡害怕與別人建立長久的承諾或關係，因為

他們害怕在情感上被孤立、被切割出去的痛苦；然而，一旦豁出去愛上了某個人，他們會出乎眾人意料地義無反顧。第七型人傾向及時行樂，任何需要時間培養或必須耐心等待的事物，他們通常不會感興趣。不喜歡身陷痛苦泥沼的第七型人，通常會很快找到快樂的替代品，幫助自己轉移目標。許多忙碌的第七型人並不瞭解自己為什麼如此執著於追求新鮮體驗，不過，他們也很少花時間思考這個問題，因為對第七型人來說，與其花時間想清楚，不如先做了再說。

放眼未來是自我保護的最佳方式

第七型人學會把精力放在計畫未來，因為這樣能夠幫助他們把注意力從眼前煩人的人事物移開，隔絕讓他們痛苦的來源。第七型人專注在任何能帶來快樂或幸福感的事物上：各種新奇的點子、有趣的事物、甚至只是多樣化的選擇，都能夠片刻地滿足第七型人「因為害怕不夠，所以不能錯過任何可能」的性格慾望。

第八型 天生領導者

與父母的關係：對母親有矛盾的情結。

潛意識的運作：只要我堅強地扮演好父親（保護者）的角色，母
親就會愛我。

心靈的絆腳石：如果我顯得軟弱，就不會有人愛我或關心我。

強迫性的行為：只要我愈害怕，我就必須假裝愈堅強。

揮不去的陰影：我，和我所在乎的人，如何才能在這個現實的世
界上存活？

通常，母親為第八型小孩提供了一個溫暖、關心、甚至是認同感的來源，但第八型小孩對母親卻擁有矛盾的情結。第八型小孩並不像第三型小孩那樣對母親具有強烈的認同感；也不像第七型小孩那麼堅決地把母親排除在外。第八型小孩從小學到的是，自己可以透過扮演某種與母親相稱而且相配的角色，藉此以得到母親的關愛。母親是溫柔與慈愛的化身，因此第八型小孩決定扮演那個比較堅強、負責一家生活的角色，也就是父親。

童年的傷痕

來自家庭的磨練

　　許多第八型人分享著相似的經驗，那就是，在很小的時候就「被迫變成一個大人」。有些人在遭逢劇變後，一夜之間看清這個現實又殘酷的世界；有些人則是因為家裡很窮，所以很小的時候就必須出去賺錢。至於造成家裡貧窮的原因就不一定了，有些是父親不務正業，有些是家裡沒有大人賺錢，有些則父母雙全，但家裡本來就是社會的低下階層，或家裡有暴力父母，逼得第八型人不得不自己找出路。而有些第八型人雖然出生在正常的家庭，但因為某種原因，讓第八型人覺得必須捍衛內心的感覺，而決定挺身而出，成為自己的保護者。基本上，第八型人學習到自己是一個獨立的人，而且必須為自己的想法在家裡據理力爭。

童年愈慘，人格愈強硬

　　許多第八型小孩很早就接觸到社會的大染缸，與那些不是他們這個年紀應該接觸到的人打交道。童年的環境愈艱困暴力，所發展出來的第八型人格會愈強硬，且攻擊性愈高，不但無法與人柔性相處，也無法察覺到自己的心靈傷口。第八型人自認必須築起一道自我保護的銅牆鐵壁，以防堵外來的傷害。

除了自己，誰都不能相信

　　如果在童年曾遭到嚴重的虐待，第八型人對人將嚴重失去信心，內心也充滿被拒絕與背叛的恐懼。但不同於第六型人仍會向外尋找可以信賴的人事物，第八型人則是除了自己，誰都不相信。甚至連父母、老師、兄長，第八型人都不買單；第八型人不允許自己的命運被別人所左右。

心靈的缺口

當你失去溫柔愛自己的能力時，你成為一位第八型人

　　第八型人終其一生都在「我對別人並不重要」和「我的感情與感覺並不值得一提」的不滿足感與被拒絕感當中掙扎不已，也因此，激勵他們在現實世界中拚命證明自己的存在。第八型人習慣對自己嚴苛，不斷給自己壓力與挑戰，因此他們覺得不必對別人手軟，別人應該也要有承受壓迫的忍耐力。第八型人很少自省，因為他們根本不想看見內心的脆弱與傷痛，甚至害怕別人知道了他們的弱點，會藉此攻擊他們，就像他們對別人一樣。

拒絕被看輕，化身正義的守護者

　　第八型人不喜歡被看輕的感覺（但第八型人卻常常看輕或忽視自己內心的感受），因此，他們不僅會誓死捍衛自身的權利，

同時也會為那些被不公平對待的人打抱不平。這其實是一種投射作用，是第八型人對童年被輕忽的救贖。第八型人傾向把自己當做救世主，因為他們自認除了自己，不會有人膽敢起身為正義而戰。

家族的印記

缺乏愛自己的能力

強勢的第八型人對於童年的創痛採取掩飾的態度。由於缺乏愛的能力，第八型人總是把注意力放在外在的世界，而選擇埋葬內心的感情與感受。第八型人很少去關心自己的感覺，因為從童年的經驗中學到的是，他關心的人與他愛的人，並不在乎他的感受。因此，第八型人學會盡量不去回應內心的柔軟面；同時全力去掌控生活中的一切，不讓會觸動柔軟面的事情發生。只要不讓內心的情感浮現，自己就不會再遭受情感被忽略的空虛與挫折。

以工作彌補內心未被滿足的情感撫慰

情感的缺口愈大，工作的動力就愈強；內心愈不滿足，愈希望得到強烈的回應。因此，第八型人常常追求及極限，追求強度。當第八型人愈大聲地向世界宣告自己的存在，表示內心愈覺得自己不值得被別人所愛。

強勢是自我保護的最佳方式

　　第八型人覺得在感情上是被疏離的、被拒絕的。因此，許多第八型人對人的態度是比較負面的；因為害怕被別人拒絕，所以第八型人決定先拒絕別人。別人都還沒有所表示時，第八型人可能會先入為主的認定，別人不喜歡他、看他不順眼，所以第八型人要想辦法取得上風，先把別人打倒。

第九型 嚮往和平者

與父母的關係：對父母親認同。

潛意識的運作：只要我和父母一樣，他們就不會找我麻煩。

心靈的絆腳石：如果我的意見和大家不一樣，就不會有人愛我或
　　　　　　　關心我。

強迫性的行為：只要我愈害怕，我愈得假裝什麼事都沒發生過。

揮不去的陰影：我如何才不會被單獨地留在這個世界上？

　　第九型小孩透過向父母認同以獲得心靈的平靜，同時，也
找到自己是誰。第九型小孩希望自己與父母「同步」，所以不斷
地在調整自己對外在世界的看法，甚至放棄自己的想法或需要，
以迎合父母的期待。然而，在自我探索的過程中，第九型人常常
猛然發現，自己並不是自己一直以為的那個人；就像第三型人一
樣，一直以來都在扮演一個「不是真實自己」的角色。此外，第
九型人也如第六型人一般地拚命向外尋找某件事情來支持自己。
只是第六型人尋找的是支持自我信心的力量，而第九型人尋找的
是支持「自己是誰」的證據。

童年的傷痕

對家庭的附和

第九型人大都認定自己擁有一個還不錯的童年，但事實上，許多第九型人美化了不愉快的經驗。尤其當童年的傷害愈多，第九型小孩就得花費更大的力氣去假裝「好像一切都沒有發生過」。久而久之，第九型小孩發現，避開傷害最好的方式就是走開，眼不見為淨。甚至，第九型小孩為了不讓父母難過（因為父母難過，認同父母的第九型小孩會認為自己也應該難過），選擇抹煞自己的情緒以配合父母的情緒。第九型小孩學會不表示意見、不製造麻煩、更不開口要求，好讓父母專心去煩惱家裡其他的問題。只要父母的煩惱少一點，家裡的寧靜就可以久一些，而自己也可以得到平靜。

童年愈慘，人格愈解離

許多第九型小孩都很會說故事或很容易感到滿足，因為這是安慰自己最快速的方式。當對某事感到失望，第九型小孩很可能會編造美好的情節或藉著過去快樂的回憶來安慰自己；或幫別人的惡行找藉口，讓自己好過一些。童年愈悲慘的第九型小孩在感到痛苦時，往往就假裝自己是另外一個人，如此，真正的自己就不必承受痛苦。

只要大家開心，我就開心，所以我必須讓大家開心

第九型人乃是透過別人來界定自己是誰。小時候透過父母，長大後則是透過生命中重要的人，例如：另一半、子女……因此，第九型人很少去思考自己究竟是誰？喜歡什麼？需要什麼？或有什麼感覺？只要他認定的人感到幸福，他就認為自己也是幸福的。所以，第九型人通常會選擇配合別人，只為了維持自己與別人是和諧一致的假象。

心靈的缺口

當你失去期望的能力時，你成為一位第九型人

第九型人終其一生都在「我並不重要」和「我沒有什麼好期望的」的痛苦當中掙扎不已，也因此，讓第九型人對證明自己的存在感到躊躇不前。第九型人看似樂觀卻缺乏自信，看似溫暖友善卻缺乏對人的熱忱，因為他們大部分的精力都花在平衡內心的與外在的衝突上。第九型人一方面要弭平與外界的衝突，一方面又要調適內心抗拒向外界妥協的壓力。第九型人非常疲累，於是逐漸降低對自己與別人的期望，甚至以比較不在乎、無所謂的態度來面對人生。

害怕失望落空，乾脆四大皆空

　　童年傷痕讓第九型人不認為自己對世界有多麼重要，也不能確定自己是否值得被人珍惜愛護，因此第九型人乾脆把自己放低：「得之我幸，不得我命。」同時，對於要花力氣的事情一概不積極：避免衝突與麻煩，甚至延宕個人責任。第九型人傾向逃避問題，因為從小就不曾被鼓勵要面對現實。

家族的印記

缺乏期望自己或別人的能力

　　由於某些童年經驗讓第九型人自覺不被家人重視，造成第九型人也不認為自己是重要的。所以，第九型人對別人與自己都不抱太大的期望；期望不高，比較容易滿足。問題是，過低的標準反而讓自己比不上別人，而更失去信心與希望。因此，第九型人需要為自己找一個存在的理由，以安慰內心的失落感。最後，第九型人為自己冠上「與世無爭」的名目，從此順理成章地不再期待任何事。

以消極態度掩飾內心被遺棄的痛苦

　　被遺棄的痛苦愈大，人生態度就愈消極；內心愈不平靜，愈希望保持原狀而不願意改變。因此，許多第九型人傾向固守舊

習。當第九型人愈常將自己的「不成功」怪罪到別的事情上時，表示內心愈覺得自己是不值得被看重的。

妥協是自我保護的最佳方式

　　第九型人在情感上渴望與別人結合為一體，就像對父母的認同，和諧圓融。因此，許多第九型人對人的態度是包容的；因為不想與別人分割，所以第九型人採取配合政策。第九型小孩對外界常保持適當距離，以免招惹麻煩上身；長大後的第九型人則努力配合其他人的生活，把自己安插在別人的人生藍圖之中。

第二關通關遊戲

找出你背後的影子

　　想知道你的背後有誰的影子嗎？是父親？是母親？還是家族中其他重要的成員？請從童年的成長環境中，選擇兩位與你最親近的人來進行下列的通關遊戲！

何謂「最親近的人」？

　　一般來說，就是我們的父母。在傳統定義上，「父親」代表「保護者」的角色，也就是教導我們生活規矩、社會規範……關於外在世界之事的人。而「母親」代表「養育者」的角色，也就是負責照顧我們飲食起居的人。由於現代社會角色多元化，保護者與養育者的角色也許不是由父母親扮演，而是由祖父母或叔伯阿姨……其他親人所扮演。請依據個人狀況做出選擇。

可以選擇自認為「影響自己最深的人」嗎？

　　基本上，還是請以父母為優先考量，除非父母並未如實地擔負他們的角色，此時便可以考慮以別人取代。如果你自認受某個人的影響非常深遠，你可以以對方的性格特質來進行下列的遊戲。

如何利用「背後的影子」：

建議準備一本小筆記，記錄你對童年所受影響的觀察。這是一個可以幫助你找到「真我」的羅盤！

我父母（或與我最親近的兩位）的陽光人格特質有哪些？

請寫下你希望從父母（或兩位與你最親近的人）身上學習到哪些特質。任何你能想起的或片刻記憶都可以，不需要做太多描述或分析，簡短的形容詞或句子即可。

我父親的性格類型是？我喜歡他的哪些特質？

_____

_____

_____

_____

_____

_____

_____

我母親的性格類型是？我喜歡她的哪些特質？

_____

_____

_____

_____

_____

背後的影子

　　雙親有哪些陽光人格特質也是你的特質？如果你很喜歡父親的倡導公平正義，你是否路見不平時，也會忍不住跳出來主持正義？想想看，你目前的價值觀裡有哪些堅持或喜好？那些堅持或喜好與你雙親的人格特質有沒有關連？

我父母（或與我最親近的兩位）的陰暗人格特質有哪些？

　　請寫下你希望父母（或兩位與你最親近的人）能夠改變的特質。也就是你認為哪些是他們的缺點。任何你能想起的或片刻記憶都可以，不需要做太多描述或分析，簡短的形容詞或句子即可。

我父親的性格類型是？我不喜歡他的哪些特質？

_____

_____

_____

_____

_____

我母親的性格類型是？我不喜歡她的哪些特質？

_____

_____

_____

_____

_____

背後的影子

雙親有哪些陰暗人格特質也是你的特質？如果你的母親非常情緒化，當你與另一半或生命中重要的人發生衝突時，你是否也會變得非常情緒化？想想看，你目前的人際關係裡有哪些衝突或模式，曾經也是你雙親與別人的衝突或模式？

我未解決的問題有哪些？

請寫下你認為有哪些童年未解決的問題延伸到你目前的生活之中？例如，如果妳是一位女性，而妳覺得父母總是重男輕女，當某天上司特別提拔妳的競爭對手，而對方剛好是一位男性，妳是否馬上會聯想到上司是重男輕女，為此而感到忿忿不平？

_____

_____

_____

_____

_____

_____

_____

_____

背後的影子

有哪些童年所受的傷害你還記憶猶新、無法忘懷？如果你和兄弟姊妹之間有未解的心結，這些心結是否影響你現在與其他人的關係？例如，小時候你的姊妹常常批評你，日後只要有人給予你建議，你可能在潛意識裡只想反抗，並不會理性去看待那些建議。

【第三關】扭轉生命的態度

性格慣性可以說是我們習慣性的思考方式與反應機制。

性格慣性就如同太陽眼鏡一般,

把真實世界的顏色改變成鏡片本身的顏色,

讓我們誤以為真實世界就是透過鏡片所看到的顏色。

如果我們不想再順著性格慣性做出後悔的行為,

那麼,我們必須先放下性格慣性,

採取一種新態度來面對人生。

而九型人格學為每一種性格類型的人指出適用的新態度。

有一位第九型的大男生分享了他的經驗：

　　從小到大，我在學校裡的表現就很平凡，我的成績永遠都是平均以下，偶爾幾次吊車尾。我的父母也都只要求我能及格就好，我常聽到他們對旁人說我雖然成績差，但至少沒有變壞，這樣他們就很安心了。我從來沒想過要為自己設下某個目標，然後拚命去達成。人生為什麼要那麼累？最重要的是，我也不覺得我可以做到。

　　直到大一那年暑假，我在系上的布告欄看到國家救生員招考啟事，這時，旁邊有一位學姊拍拍我的肩膀說：「嘿，你不是很會游泳？你一定可以考上！」當時我只覺得這個提議很好笑，我不假思索地回答：「拜託，我哪有那麼厲害？」這時，旁邊有幾位同學也說他們覺得我的游技不錯，大家便起鬨地把我推到系辦公室去報名。我不否認，當時我的內心曾經有一絲絲的火花：「也許，我是真的還不錯！」

　　但回到家裡，這一絲絲的火花馬上被熄滅。家人一聽到我要去報考救生員，大家第一個反應就是：「哈哈，你可以嗎？救生員不容易耶！」這句話又勾起我慣有的態度：「有必要去試嗎？」

　　第二天一早，我就到系辦請助教幫我撤銷報名，但助教不肯，她堅持我應該去試試看。因為她知道我曾經代表系上參加游

泳比賽，雖然沒得名，但應該游得不差。

　　就這樣，我開始了救生員八週的密集訓練。第一個禮拜過後，我的雙腿因為訓練時常常撞到泳池牆壁而瘀青，以前膝蓋的舊傷也開始疼痛，身心疲累的我很想打退堂鼓。

　　然而，父母的態度和以往一樣，要我自己衡量，他們不斷提醒我凡事不要勉強。這時，我心裡突然升起一個念頭：「這一次，我要抱持和以往一樣的態度？還是，我要換一種態度來面對？」

　　我很慶幸我當時決定以「不放棄」的態度來面對那次的挑戰，而主要原因還是來自於學姊的那一句話：「你一定可以考上！」在我的人生中，我第一次有一種「無論如何，我都要去試試看！」的堅持。而家人因為我堅持到底的態度，也開始給我更多的鼓勵與支持。

　　當我順利考上救生員時，我學到一件事，原來我的態度會影響我的表現，甚至影響事情的結果。

　　第九型人習慣看輕自己的分量，所以，他總是讓自己隱身在人群之中，盡可能地降低對人生的期望，以免因為失望而受傷。第九型人對生活抱持被動的態度，久而久之，連周遭的人也開始對他不抱期待。然而，根據九型人格理論，當第九型人開始覺醒，他會展現出第三型人積極往目標前進的精神，同時他也會想

辦法證明自己的價值。

　　因此，當第九型人在人生困境中不知道下一步該如何抉擇的時候，不妨把自己的態度往健康的第三型人的特質——積極與行動，去做調整。正如這位第九型的大男孩一樣，決定以不同以往的積極態度去面對救生員考試的挑戰。當態度改變，我們的思考、反應與行為也將隨之改變。

想擺脫性格慣性，先從改變態度做起

　　性格慣性可以說是我們習慣性的思考方式與反應機制。性格慣性就如同太陽眼鏡一般，把真實世界的顏色改變成鏡片本身的顏色，讓我們誤以為真實世界就是透過鏡片所看到的顏色。

　　因此，如果你是一位第一型人，「是非對錯」就是你的太陽眼鏡。透過這副強調是非的鏡片，讓你以為真實世界中最重要的就是要按照正確的方式進行，其他的原因都不足以考慮或討論。

　　同樣的，如果你是一位第二型人，「被別人需要」就是你的太陽眼鏡，透過這副強調服務的鏡片，讓你以為真實世界中最重要的，就是讓自己對別人有重要的影響力，或有不可或缺的重要性。

　　所以，如果我們不想再順著性格慣性做出後悔的行為，那麼，我們必須先放下性格慣性，採取一種新態度來面對人生。而九型人格學為每一種性格類型的人指出適用的新態度。

九型人的有色眼鏡

第一型：是非對錯
第二型：被別人需要
第三型：被別人讚賞
第四型：得不到最想要的
第五型：做好準備
第六型：隱藏的動機
第七型：放眼未來
第八型：控制
第九型：與別人和諧共處

透過有色鏡片認知的世界

第一型：生活需要不斷地改正與改進
第二型：世界因為（我的）愛而轉動
第三型：成功的形象代表一切
第四型：生命有很多的不圓滿
第五型：知識就是力量
第六型：事情沒有那麼簡單
第七型：人生處處是驚喜
第八型：適者生存
第九型：順其自然就好

建議採取的新態度

第一型：節制想要批評或說教
第二型：自在地面對內心欲望
第三型：探究真實自我的勇氣
第四型：平靜地面對情緒漩渦
第五型：純真的表達
第六型：相信自己而行動
第七型：放下期待
第八型：謙卑的領導
第九型：誠實地面對實際情況

由新態度帶來的性格美德

第一型：不惱怒而感到平靜
第二型：瞭解自己也是平凡人而更謙卑愛人
第三型：表裡如一的誠實
第四型：瞭解情緒只是一時而得自在
第五型：因為讓事情單純而放下複雜思慮
第六型：無所畏懼的勇氣
第七型：不執著於快樂而帶來專注與節制
第八型：純真敞開的心房充滿慈愛
第九型：採取行動不拖延

九大美德就是九大態度

　　為了要確保我們能夠堅持新的態度以期改善我們的人生，我們需要堅定的信念，尤其當我們看到別人順應性格慣性而產生種種陰暗的行為：任性、說謊、控制……我們更需要信守想要堅持的新態度。

　　經過時間的洗禮，我們會發現，以九種原罪為出發點的性格慣性是無法長存的，唯有從九種美德發展出來的九種態度，才能經得起生命的磨練，贏得最後的勝利。

　　以第三型人為例，「戴上面具」是一種想要偽裝的態度，它建立在「虛假」這個原罪之上。如果我們刻意隱瞞，也許暫時能矇騙過關，但最終將無處可逃。

　　而「虛假」這個原罪對應的美德是「誠實」，若真的要讓第三型人發揮「誠實」的美德，首先就必須要採取「勇氣」這個態度——也就是第六型人的美德（第三型人的成長走向是第六型）。因此，在某個人生困境中，如果我們決定以「誠實」這個美德來應對，那麼我們必須同時具備「勇氣」——勇敢堅持到底的態度。也許眼前困難重重，但真理終究會顯現，真相總有大白的時候。

　　因此，根據九大美德來應對生命中的考驗，我們終將獲得想要的平靜。如果我們仍舊執著以九大原罪衍伸出來的性格慣性去面對生命，也許可以獲得暫時的安慰，但我們始終不會感到真正的滿足。

根據「九型人格理論」中的成長走向，引伸出環環相扣的九大美德。

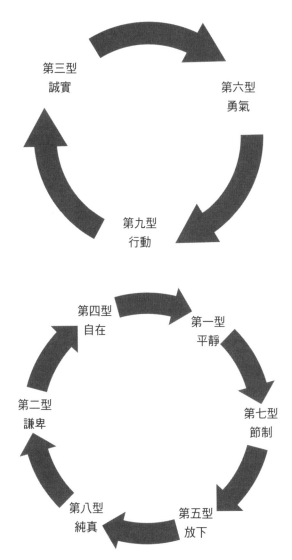

根據困境，選擇適用的美德

　　當然，我們也可以跨過性格類型的建議，以我們此刻的需要作為選擇美德的標準。當生命中的困境來臨時，不妨捫心自問，此時的我要以哪一項美德來面對？

　　例如，覺得生命沒有繼續的動力時，或許可以試試「純真」的美德，讓自己恢復如孩子一般，單純地為自己喜歡的事情付出熱情，而不計較其他。

　　又例如，覺得快被責任壓垮時，也許需要的是「誠實」與「放下」的美德：認清並接受自己的能力，在能付出的範圍內盡力做好，而超過自己能力的部分，就讓它去吧！

第一型 理想崇高者

要放下的性格慣性：批評

適用的新態度：第七型的節制

帶來的美德：平靜

　　許多第一型人可以從大自然中找到完美與平靜的感覺，因為大自然的一切是渾然天成的，不需要額外的修正或改善，就算有人為認定不完美的地方，也是大自然為了萬物的生存而做的巧妙安排。平衡，才是完美的真諦；讓每個人各得其所，各安其心，如大自然萬物一般地互持共生，這就是完美。當第一型人願意接受自己的極限，同時也尊重別人的極限時，他們就會展現平靜的氣度。

　　平靜正是來自於一顆開放的心，不再拒絕現實的情況，執著於自己的想法。想要獲得平靜，首先得節制想要改變現狀的衝動，節制想要脫口而出的批評，節制達不到標準而產生的怒氣。當我們能夠放下內心預設的立場時，就能夠讓我們的心變得開放，輕鬆更有彈性，平靜也將隨之而來。

玉萍的故事──節制批評帶來新幸福

當第一型人感到放鬆時，自然會出現第七型人的健康特質。許多第一型人在度假或暫時跳出日常生活窠臼時，他們會顯得比較不嚴肅、敞開、有趣，而且願意嘗試新的事物，甚至開懷大笑的次數也比較多。

玉萍是一位博物館解說員，下面是她在「發現心靈藏寶圖」課程中的分享：

剛開始我不認為自己是一位第一型人，因為我的組織能力不夠好，也不夠乾淨整潔。不過，自從我遇到幾位和我一樣不太有條理的「不完美」的第一型人後，我才慢慢接受我可能是一個第一型人。

的確，我其實有很多第一型的特質。比方說，我的自我批判就非常強烈，我有一套嚴格的是非標準與高規格的道德要求。同事們都說我是工作狂，其實我只是希望透過不斷的練習與改進，讓我的表現更專業、更無懈可擊。我很以這些特質為榮。

去年我跟團到日本旅遊，由於我非常喜歡日本那種乾淨又有條理、精緻又有深度的文化感，所以，我盡情地享受每個景點，放開身段和團員一起跳舞、嘗試新奇食物……總之，我玩得很high。同團的一位男生與我非常談得來，於是我們約定返台後繼續碰面。

幾次約會後，那個男生很困惑卻也很坦白地說，他覺得我好像變了一個人。我完全瞭解他的意思，因為返台後的我並沒有活在第七型人的「放輕鬆」之中，我只是和以前一樣繼續以第一型人的理性與認真來過日子。

然而，我不想放棄這個男生，我也暗自希望自己的性格能夠有一些改變。於是，我決定改變我的態度！當我過度展現第一型的特質時，我就提醒自己要節制一些。少一點批判心，多一點同理心；尤其當別人達不到我的標準時，我會先以對方的角度去思考他的處理方式。一段時間下來，連同事們都注意到我的轉變，我變得比較愛開玩笑、比較願意傾聽而不是急著給建議，甚至我的芳療師都說我臉上的線條變得柔和許多。最讓我開心的是，我也展開了一段很棒的戀情！

給第一型人

第一型人的內心其實藏著一位很想和其他小孩一樣愛玩貪吃的小孩，只是因為童年時期的玩心並未受到鼓勵，而是被鼓勵去承擔更多的責任，讓第一型人不得不變成為了義務只好捨棄享樂的小孩。想要扭轉身為第一型人的生命態度，就要想辦法節制你習慣加諸在自我身上過多的責任或限制，從小處打破心中既有的規則吧！

第二型 古道熱腸者

要放下的性格慣性：服務

適用的新態度：第四型的自在

帶來的美德：謙卑

　　第二型人的生命重心就是「愛」，為所愛的人做事，讓第二型人感到無限的滿足。當他們熱情地說「我愛你」時，許多時候他們想安撫的其實是他們內在的需要。真愛是不需要用言語來說明的，也不需要四處宣揚自己為愛付出多少；一個真正有愛心的人，是很少想到愛這件事的。當第二型人領悟到愛是自己與生俱來的一個部分，想要瞭解愛，就必須先瞭解自己時，他們就會展現謙卑的胸懷。

　　謙卑正是來自於一顆無私的心，不再以自己的付出當做某種籌碼，或為愛設定某種條件。想要產生謙卑，首先得學會自在地與自己的感覺共處而不是逃避，自在地開口說出自己的需要而不是否認。當我們瞭解愛就是真我的一部分，愛是從我們內在自然綻放出來的一種東西時，自我將被愛所融化，謙卑也將隨之而來。

小凡的故事──隨心自在帶來新幸福

　　當第二型人感到放鬆時，自然會出現第四型人的健康特質。許多第二型人從藝術創作（第四型人的偏好）中找到自己，或至少發現了不同層面的自己。原來，他們也可以很有創造力，也有很多美好動人的感受或黑暗難過的情緒，最重要的是，他們的靈魂開始覺醒了。

　　小凡是一位電腦公司的客服部人員，下面是她在「自我探索營」中的分享：

　　我國一的時候很想要學會一樣樂器，當時我認識了一位高中部的學姊，她是古箏社社長，人長得非常漂亮又有氣質，我好希望成為她的好朋友，更希望自己也能像她一樣受人歡迎。於是，我央求爸媽讓我學古箏。

　　平時放學後我都會跑去古箏社幫學姊的忙，我很細心，常常搶在學姊開口之前就幫她準備好需要的東西。這讓學姊非常感動，我也十分開心。升國三後，我忙著考試不能常去古箏社，但學姊似乎一個人也忙得過來，這讓我很難受！我對她好像是可有可無。不過，也因此讓我看清楚自己有多渴望想靠近她，甚至我學古箏也是為了她！國中畢業後，我再也沒有碰過古箏，我改學我一直很喜歡的長笛。

接觸九型人格後，雖然我一直努力向內探索，常常去觀察我的感受與感覺，但我發現，只要周圍環境中還有別人，我就是沒有辦法放鬆地去感受自己的情緒，因為我忍不住會注意別人的感覺或需要。幸好，只要我獨處，我就能夠很自在地把注意力都放在自己的身上。每當我心情不好時，我就會拿出長笛吹奏。透過樂曲的選擇與吹奏時的情感宣洩，感覺上我好像找到了那個平常一直被我放在第二位的「自己」。我為自己演奏音樂，自己給自己安慰，這種感覺真的很棒！

給第二型人

第二型人的內心其實藏著一位很想要吶喊出內心真話的小孩，只是因為童年時期並不被鼓勵表達自己想要什麼，而是被鼓勵要為別人著想，以致讓第二型人不得不變成活在別人需要中的小孩。

想要扭轉身為第二型人的生命態度，就要想辦法自在地與你的心共處，大聲告訴對方你內心想要的是什麼吧！

 第三型 **成功追求者**

要放下的性格慣性：修飾

適用的新態度：第六型的勇氣

帶來的美德：誠實

　　第三型人活在自己建立的形象之中，以及那個形象所附加的價值。第三型人習慣把價值附加在某個人事物上，一旦他們的想法改變，價值也會跟著改變，而他們也會修正自己的形象以符合新的價值。然而，真正的價值絕不是來自於外在事物，而是發自我們的內心。讓自己從外在事物的價值中解脫出來，然後去發現真正的價值是什麼，這樣我們才會注意到那些對我們真正有幫助的事，而不再被世俗的價值所限制。

　　誠實正是來自於願意揭露的勇氣，勇敢跳脫出事物的價值，轉而探究自我真正的價值。想要誠實地面對生命，首先得具備不退轉的勇氣；而當清楚地看見自己的真相時，我們能夠無懼地面對，而非採取欺騙的態度。勇氣，讓我們活著卻不自欺，誠實也將隨之而來。

偉哲的故事——勇敢探索帶來新幸福

當第三型人感到放鬆時，自然會出現第六型人的健康特質。有一位第三型人分享當他不再催促自己一定要勝過別人，而是把舞台讓出，同時以自己的努力經驗去激勵並幫助別人登上顛峰時，那種從內心由衷感到的滿足，比任何外在事物帶來的滿足感都要強烈。

偉哲是一位汽車銷售員，在某次定期的面談中他提到：

從小我就非常有師長緣，大人們也都誇讚我很懂事，因為我知道如何表現可以讓老師高興，讓大人們感到欣慰。我很擅長贏得別人的歡心。當我進入這家公司賣汽車時，我就相信我會成為 Top Sales，我也做到了。只要我立下目標，我通常沒有做不到的事；萬一真的有困難，我也會想辦法解決，總之，我不是一個輕易承認失敗的人。

然而，就在某一次銷售汽車的過程中，那位買主剛經歷一次生死攸關的意外，讓他對人生有了全新的體認。他列出最想要做的十件事，然後一一去達成。他要做的第一件事就是買一輛休旅車，打算常常帶著全家一起出遊。老實說，我受到相當大的震撼，因為當他問我最想做的事情時，我居然答不出來。

以前我遇到類似的問題時，我習慣不去想，因為我總認為那

是無聊人想的無聊事。人生最要緊的就是擁有一個不錯的生活，不是嗎？但是，許多死裡逃生的人卻告訴我們，除了物質，人生還有別的意義。反觀我的人生，工作順遂，食衣住行都有不錯的水平，但為什麼我的內心還是覺得不夠？問題是，我不知道自己到底缺少什麼。這個問題愈來愈困擾我，因為我發現，我對自己的瞭解似乎是一片空白。

接觸九型人格後，我開始嘗試不再搶當第一名，也不去和別人比較，而是單純地把事情做完。我目前有了一個新目標，我不再凡事追求成功，我要的是做一些具有特別意義的事情，比方說，幫助大家和我一樣都成為Top Sales!

給第三型人

第三型人的內心其實藏著一位對自我感覺最誠實回應的小孩，只是因為童年時候並未受到鼓勵去重視或探究自我感覺，讓第三型人不得不變成追逐成功以找到自我的小孩。想要扭轉身為第三型人的生命態度，就要想辦法勇敢地說出你的真心話，讓自己的內心想法與外在言行一致吧！

第四型 個人風格者

要放下的性格慣性：幻想

適用的新態度：第一型的平靜

帶來的美德：自在

　　第四型人對當下是敏感的，他們常常被某一刻的情緒所深深影響，但卻也因此錯過了那一刻之後的無數個當下，因為他們仍舊活在過去的情緒當中，遲遲不肯放手。許多心靈修習法門都教我們要留意當下，然而，對第四型人來說，「輕輕留意一下就放掉」是更要緊的功課。情緒與念頭來來去去，重要的是，我們不刻意去阻止它們發生，也不助長，只是以「沒什麼大不了」的心態去面對。

　　自在正是來自於平靜的態度，能夠與情緒共處，安住在情緒的能量當中。不隨情緒起舞去產生外在的行為；也不繼續順著情緒去引發更多的情緒；而是體驗情緒，任由它生滅。想要能夠自在地面對生命，首先得學習不抗拒情緒，不自我批判，也不找藉口逃避。會產生情緒並沒有錯，我們只需要讓它過去，自在也將隨之而來。

玲子的故事——平靜安住帶來新幸福

當第四型人感到放鬆時，自然會出現第一型人的健康特質。許多健康的第四型人常常展現出第三型人的效率與積極，其實，他們更像第一型人般的堅持完美。當第四型人對某件事物產生熱忱時，便會展現第一型人的專注性與行動力，會暫時放下情緒，要求自己理性地完成應該做的事情。

玲子是一位室內設計師，下面是她在「性格芳療」工作坊中的分享：

我想，如果我的同事與業主也熟悉九型人格的話，他們一定會以為我是第三型人，因為我在工作上刻意展現效率與積極的風格。然而，在內心深處，那個我不輕易讓人進入的區域，我熱烈渴望有一天能遇見懂我的人。我父親在我很小的時候就過世了，我到現在仍舊非常想念他，甚至還會難過掉淚。從小我就有點自卑，總覺得幸福似乎與我無緣。

我的先生對我很好，但我仍會暗自感嘆，我應該可以遇到更好的人。從小到大，我覺得身邊的朋友都比我幸福，我不明白為什麼，也許我就是一個注定得不到幸福的人。

學習九型人格學後，我大大鬆了一口氣，原來我這麼嫌惡自己是有原因的，因為我習慣用最壞的角度來看待我的人生。於

是，我開始以比較陽光的角度來面對我的婚姻。我發現，當我的心態轉變，不再攪和在低潮裡面，而是努力去經營我的婚姻，幸福的感覺就愈來愈多！最重要的是，我現在可以輕易地把注意力放在別人身上，而不是如往常一般只顧著注意自己的情緒、感受、喜好……我對別人苦難的同理心，讓我更加珍惜自己所擁有的一切。

給第四型人

第四型人的內心其實藏著一位理性與感性兼具的完美小孩，只是因為童年經驗讓第四型人對自己產生強烈的不滿意，讓第四型人不得不變成只注意到自身不完美的小孩。想要扭轉身為第四型人的生命態度，就要想辦法平靜地與自己的情緒共處，把注意力轉移到自身的優點或事情的陽光面吧！

第五型 博學多聞者

要放下的性格慣性：偏執

適用的新態度：第八型的純真

帶來的美德：放下

第五型人非常看重知識的力量，徹底瞭解事物的運作背景，可以幫助第五型人建立穩固的安全感。知識顯然很重要，因為它決定了我們的感覺、思想以及生活方式。只是，第五型人傾向把心智活動當成了自己，所以他們會害怕無事可以思考的空洞感。為了感受到自己的存在，他們只好不停地思考。然而，一般所謂的「知識」，其實只是在滿足我們的身體，唯有終極知識——放下，才能夠利人利己、滿足真我。要獲得終極知識唯有靠覺醒，單純地去體驗每一個當下。

放下正是來自於純真敞開的心胸，如果我們緊抓著想要的東西，那些東西就會開始變質。我們總是想留住某種安全感，因此會採取某種行為反應。其實，這個冀望安全感的需求正是讓我們一直重複某種行為的原因；我們的欲望就是自我性格的黑洞。當我們能夠單純地讓事情發生，不堅持以自己的知識去干預，放下也將隨之而來。

少銘的故事——放下思慮帶來新幸福

　　當第五型人感到放鬆時，自然會出現第八型人健康的特質。一般第五型人活在心智世界裡，對於需要馬上會做出回應的情況，尤其是牽涉到情緒與感受時，他們喜歡一個人想清楚後再說。但是，這容易陷入自我解讀的困境，因為缺少其他當事人的說明。當第五型人學習第八型人的果決時，他們將會堅定立場，並且迅速地根據事實做出理性的回應，而不是為了捍衛立場而主觀詭辯。

　　少銘是一位電腦工程師，下面是他的分享：

　　接觸九型人格後，我對自己有了更多的瞭解，我發現，我疏離的個性應該是來自與父母的關係。我的父親是一位船長，常年不在家；而我的母親則熱中社交活動。我是四個小孩中排行最小的，我母親常說我是一個「意外」，也許這就是為什麼她對我並沒有太多的責任感，因為她已經對之前三個孩子盡過「做母親」的責任了，現在是她享受人生的時候。而我和其他兄弟又有年紀上的差距，因此，我從小就學會自己玩、自己照顧自己，盡量不開口向家裡要求什麼。

　　進入社會後，我選擇比較能夠保持獨立自主的工作性質。在公司裡，我通常不是那種引人注意的人，沉默低調是我的特質，

我也覺得很好，因為這樣子同事們比較不會來找我聊私人的事情。我對交誼並沒有太大興趣，只要不失禮就好。然而，某一次的例行會議中，我高調的表態，不僅讓我自己嚇一跳，連我的同事們也從此對我改觀。

開會時，我向來都是安靜的聽眾，等到大家都表達意見後，我才會說出我的看法或彙整大家的意見。但那一次會議中，部門中另一位工程師企圖扭曲數據來為他自己圓場，這樣的作法讓我非常不以為然。我立刻反駁他說的都不是事實，同時我也指出數據中的真相。當時全場一片靜默，我聽到自己堅定的聲音強而有力地在會議室中迴響著。天哪，這種感覺真棒！

給第五型人

第五型人的內心其實藏著一位很大膽天真而且不怕與人對抗的小孩，只是因為童年時候並不被鼓勵使用身體的力量與活潑感，讓第五型人不得不變成沉溺在思想世界的小孩。想扭轉身為第五型人的生命態度，就要想辦法保持單純的心念，建議從培養每日例行散步開始，慢慢找回對身體的感覺吧！

第六型 謹慎忠誠者

要放下的性格慣性：懷疑

適用的新態度：第九型的行動

帶來的美德：勇氣

　　第六型人因為煩惱而忙碌，想為所有可能的問題做好準備，因此他們的心思很難安靜放鬆。第六型人常常做愈多心愈亂，除非他們先在心地上下功夫，不然混亂的心只會讓第六型人一直活在懊悔當中。想要徹底解決煩惱，我們必須擁有勇士的精神，也就是凡事盡力去做，但要放下期待。我們不必期待自己一定要達到何種境界或做到某些我們一直做不到的事情，我們只是盡力而為。一旦保持盡力而為的態度，我們的心就會變得篤定，自然就勇敢。

　　勇氣正是來自於採取行動，這裡的行動指的是「考量自己的限制，然後在每一刻盡力去做」。依照當下的需要去採取行動，而不是跟著煩惱去行動。盡力去做不是要我們不斷地鞭策自己向前，而是根據現實狀況做判斷，我們能做什麼就做什麼，在每一刻都盡力去做，就這麼簡單。盡力地活，勇敢地為自己的人生負起責任。

安寧的故事——無懼的心帶來新幸福

　　當第六型人感到放鬆時，自然會出現第九型人健康的特質。在我的「發現心靈藏寶圖」班級中，有幾位平時有進行禪修的第六型人分享，當他們感到焦慮的時候，他們馬上透過呼吸等方式讓自己的心沉靜下來。本來一團混亂的思緒，一下子變得清晰了，讓他們能夠清楚地判斷當前的狀況，然後採取必要的行動。這幾位第六型人很開心而且變得更有自信，因為原來自己也可以冷靜理性地處理問題。

　　安寧是一位小學老師，下面是她的分享：

　　我常覺得自己就像一隻誤入叢林的小白兔，驚恐慌亂地在日常生活的夾縫中求生存，遇到問題時，常常就卡在其中，不知道應該如何抉擇。奇怪的是，如果今天是我生命中重要的人發生狀況，我會非常堅定而且清楚地知道應該如何幫助對方。但輪到自己身上時，腦筋卻因為過度思考而一片空白。

　　接觸九型人格後，每當我感到緊張或擔憂，我就提醒自己不要想太多，做好我能做的部分後，一切就順其自然。有趣的是，這一點反而讓我第九型的先生變得緊張了，因為平時都是我在煩惱做準備。比方說，前一陣子我們去度假，我一改過去仔細的計畫行程，我希望來一趟無憂無慮的「自然旅行」，也就是不做任

何A計畫和B計畫，而是到了目的地再來看想玩什麼。我發現這樣讓我很有度假的fu，因為我完全不用去催趕行程，不再煩惱會不會錯過什麼好玩的，甚至也不擔心錯過行車班次。我發現，也許我們參觀的旅遊景點變少了，但是，卻玩得非常盡興。呵呵，我第九型的先生很快就適應這樣的情況，因為這正是他的風格！他很高興終於可以在旅館悠閒地睡到自然醒！

給第六型人

第六型人的內心其實藏著一位很放鬆、很單純的小孩，只是因為童年時候並未受到鼓勵去安住當下，而是被鼓勵去擔憂未來，讓第六型人不得不變成埋頭努力以免被未知吞噬的小孩。想扭轉身為第六型人的生命態度，就要想辦法讓自己只活在眼前這一刻，相信自己，勇敢地為自己圓夢吧！

第七型 勇於嘗新者

要放下的性格慣性：樂觀

適用的新態度：第五型的放下

帶來的美德：節制

　　第七型人渴望活在天堂裡，一心想得到快樂，結果卻帶來煩惱；為了逃避痛苦又更執著於追求快樂，惡性循環就此展開。生命帶給我們的是好壞都有、快樂與痛苦摻雜，是一個完整的經驗。當我們的心執著於某一方，地獄就出現了。如果我們意識到這個真相，學習如孩子一般開放我們的心，對於苦與樂不抱預設立場地都願意探究，那麼，我們便不會再為了逃避痛苦而浮濫追尋快樂。

　　節制正是來自於願意放下的心，不僅在日常生活中需要放下，甚至可以運用在選擇心靈修習的道路上。我遇到許多生命行者，他們大部分都覺得還沒有找到The One，所以他們不斷地四處上新課程，淺嘗即止，期待找到那個可以幫助他們修行的最好方式。我的經驗是，最好的方式來自於自己的努力不懈。及早認定某個方式，然後努力不懈地下真功夫，那麼，它一定能夠幫助我們度過所有的人生轉折。

Mary的故事——專注不懈帶來新幸福

　　當第七型人感到放鬆時，自然會出現第五型人健康的特質。許多第七型人常常覺得自己被誤解，因為他們並不如外表所看起來的那樣喜歡搞笑或無法忍受安靜，相反的，當他們獨處時，反而容易得到更多的心靈滿足，這正是第五型人健康特質的影響力。

　　Mary是我在美國九型人格學院的同學，她目前也在教授九型課程，下面是她的分享：

　　在接觸九型人格學之前，我就像一位典型的第七型人：多才多藝、擁有無數新奇有趣的嗜好、與一籮筐未完成的計畫。然而，當我決定以九型人格學作為自我成長的工具時，我竭盡全力地學習有關九型的一切知識。我變得專注而且自我約束，不讓別的事物來分散我的注意力與學習能量。

　　記得剛開始學習九型時，我瘋狂地報名市面上所有的九型課程，從一小時的講座到兩、三個月的課程，我一項都不想錯過！直到我通過認證成為專業的九型人格學教師後，我仍然不斷地吸收九型新知。因為身為一位九型人格學老師，我覺得自己有責任將九型學說傳達出去，這不僅是造福眾人，更重要的是，九型改變了我。當我變得和第五型人一樣專注時，我覺得內心既踏實又快樂。

給第七型人

　　第七型人的內心其實藏著一位喜歡安靜的小孩，只是因為童年時候並不被鼓勵去享有個人的隱私與空間，而是被鼓勵要走入人群、不要悲觀，於是讓第七型人不得不變成無論如何都要讓自己快樂的小孩。想扭轉身為第七型人的生命態度，就要想辦法每天讓自己暫停活動一段時間，感受放下後的安靜片刻吧！

第八型 天生領導者

要放下的性格慣性：征服

適用的新態度：第二型的謙卑

帶來的美德：純真

　　第八型人向來以自己的意志力為傲，性格慣性讓他們不自覺地常常在「用力」。有一位第八型人分享，她每天下班回家後總覺得嘴唇與牙齦的肌肉很痠，她觀察後發現，原來她在白天工作時，總是不自覺地用力咬合上下的牙齒。然而，「意志力」絕對不是緊繃身體某個部分，希望藉此產生行動力，這種錯誤的「意志力」只會讓我們的心靈因為身體緊縮而變得封閉。真正的意志力會讓我們感覺處在一種單純自然的境界，沒有恐懼，也不再需要任何支持，而是敞開地迎接任何生命經驗。

　　純真正是來自於根本的信賴，對自己的信賴與對當下這一刻共處的信賴。就讓一切自然地發生，相信自己能夠為自己與為別人做出正確的事。當我們能夠尊重任何事情都是依照它應該發生的方式在進行，那麼，一切就會變得自然而順利，我們會驚嘆於萬物運作的神奇力量！對生命保持謙卑順服的態度，純真的心靈也將隨之而來。

昌文的故事 ── 感同身受帶來新幸福

當第八型人感到放鬆時，自然會出現第二型人健康的特質。個性急躁又霸道的第八型人向來是團體中讓大家敬而遠之的對象，但我也遇到過許多開朗熱情的第八型人，他們普遍有一種特質，就是非常具有同理心，常常會自省自我的言行舉止是否傷害到周圍的人。

昌文是一位建設公司的老闆，下面是他的分享：

當我知道某位同仁因為我的言行而感到受傷時，我的內心其實非常沮喪，因為我的出發點是想要保護我的部屬，或希望幫助大家達到預期的工作目標。我從來沒想過故意去打擊別人，雖然我年輕的時候的確曾經這麼做過。但是，我已經歷盡人生的各種磨練，現在的我，最不想的就是傷害別人。

如果沒有必要，我寧願與人和平共處；當然，如果必要，我仍然會「披甲上陣」，拚個你死我活。現在，每當我要說某句話或採取某個行動，我都會先設身處地的思考這些言行的殺傷力。因為我非常在乎身邊人的感受，我會盡量節制自己，不要對他們造成無法抹滅的負面影響。

給第八型人

　　第八型人的內心其實藏著一位很想要好好被愛與任性撒嬌的小孩，只是因為童年時候並不被鼓勵去發展內心溫柔感性的一面，而讓第八型人不得不變成處處要裝堅強的小孩。想扭轉身為第八型人的生命態度，就要想辦法對親近的人傾吐你內心的軟弱，保持謙卑的心去寬以待人吧！

第九型 嚮往和平者

要放下的性格慣性：傳統

適用的新態度：第三型的誠實

帶來的美德：行動

　　第九型人是習慣性的動物，好習慣能夠讓他們成為生命的勇士，壞習慣卻讓他們變成「快樂的植物人」。對第九型人來說，奮鬥是必要的，不僅是心智上的持續探究，同時也要實際去採取行動。有幾位來上心靈課程的第九型人表示，本以為上課後一切就會改變，但課程都結束了，自己對於身心修習仍然感到有心無力。也有些第九型人分享，上過課程後，他們的心靈稍稍得到安慰，因為感覺上好像對自己「有個交代」，這樣就夠他們安穩度日一陣子了。

　　許多想進行心靈成長的人，都希望找到一個能夠幫助他們解決問題的老師。但是，我個人的經驗是，最好的老師是在我努力奮鬥的過程中知道何時該推我一把的人。因為如果我們不曾努力去思考問題，就算老師直接告訴我們答案，我們可能也還是不懂。知識與知見最大的差別就在於，我們必須對於該知識有過真實的體驗後，產生自己的見解，如此才能獲得最真實的答案，才

是知見。因此，誠實地為自己負起責任，盡力去觀察與體驗生命中的任何議題，關鍵時刻對老師提出核心問題。那麼，我們將會如過關斬將般地一層更入一層，直達真相。

Grace的故事──活力自信帶來新幸福

當第九型人感到放鬆時，自然會出現第三型人健康的特質。第九型人給大家的刻板印象是慢條斯理，似乎永遠都不會著急。然而，我們常常還是會遇上積極又充滿行動力的第九型人。即使如此，在他們看似第三型人自信又活力的氣質下，仍然還是隨遇而安的第九型靈魂。

Grace是我在美國曾經共事過的一位芳療教師，下面是她的分享：

我曾經與一位夥伴──Linda共創芳療公司，我們常常到各大公司做簡報推銷，幻燈片內容有的由Linda設計，有的是我的作品，有的是另一位員工Jane的作品。四年後，我和Lind因為理念不合而拆夥，我一人承繼原來的公司，依舊四處開發業務。有一次我到一家家具系統公司做產品說明，當我詢問聽眾有沒有問題時，有一位家具設計師問我，為什麼簡報中的幻燈片部分有標明是由Linda設計的，有些是Jane設計的，但卻沒有一張是署名由我設計的？

　　由於他的提醒，我才驚覺到第九型人習慣性的低調，其實是一種自我抹煞。我為幻燈片的製作投注相當大的精力，但我居然只記得「表揚」Linda與Jane的功勞，而忘記也把自己加上一筆！

給第九型人

　　第九型人的內心其實藏著一位想要發光發熱、引人注意的小孩，只是因為童年時候並未受到鼓勵去做凸顯自己或堅持自我立場的事情，讓第九型人不得不變成處處抹煞自我的小孩。想扭轉身為第九型人的生命態度，就要想辦法誠實地面對自己的人生，拿回主導權吧！

性格大挪移

俗話說：「借力使力，事半功倍。」這樣簡單的道理也可以運用在心靈成長喔！首先，請掌握每一種性格類型的性格慣性，然後將性格慣性發揮在對該性格類型有正面幫助的事物上，如此便可以很簡單快速地（但絕對不是輕鬆的）展開身心靈轉換工作囉！

第一型：理想崇高者

性格的慣性：不斷地追求自我成長。

性格大挪移：努力學習放輕鬆，也是一種自我成長的方式。

第一型人擁有「日新又新」的精神，讓自己不斷地進步、趨近完美，是他們努力不懈的目標。為了讓自己更好，第一型人往往會犧牲休閒時間去參加進修課程。如果第一型人能夠把求好心切的目標鎖定在「如何讓自己更放鬆」，想辦法學習瑜伽、靜坐……相關的放鬆課程；或為了好玩而去學做一件事，如烹飪、攝影、織毛衣……甚至只是單純地做一些發傻的事情來打發時間。努力學習任何能夠讓自己放鬆的技巧，是第一型人借力使力的好方法！

第二型：古道熱腸者

性格的慣性：熱心地想要幫助周圍的人。

性格大挪移：先把自己照顧好，就是對周圍人最大的幫助。

　　第二型人的菩薩心腸讓他們常常延誤了自己的需要。長期服務別人的結果，不僅讓第二型人身心俱疲，也讓周圍的親友心疼。所以，為了不讓周圍的親友煩惱，同時也幫助自己快一點恢復愛的光芒，第二型人不妨嘗試把照顧別人的熱心先轉回到自己身上，等到自己的身心恢復平衡了，自然有餘力再去服務別人。盡力服務自己以減輕別人的負擔，是第二型人幫助別人的絕佳方式！

第三型：成功追求者

性格的慣性：成果！成果！成果！

性格大挪移：利用暫停片刻，創造更大的產值。

　　講求效益與效率的第三型人很難停下腳步不做任何事情；停擺等於沒有產值，沒有產值等同自己沒有價值。分秒必爭的第三型人，總是希望能在最短時間內完成最多的任務。但往往因為太急著要成果，反而造成更耗費心力的後遺症，或難以修補的人際缺憾。如果第三型人能夠在每項工作告一段落時，給自己一個break，不僅思考接下來任務的最佳對策，同時也處理因為工作而

被忽略的情緒與感受。那麼，身心狀況俱佳的第三型人鐵定會有更超乎水準的演出！

第四型：個人風格者

性格的慣性：就是要不一樣！

性格大挪移：嘗試從平凡中發現不平凡。

第四型人無法忍受平淡無奇的事物與感覺，人生就應該要高潮迭起；就算有低潮，也是為了體驗高潮而必須忍耐的醞釀期。真相不會輕易被發現；太容易到手的事情就是少了奮鬥的美感。如果第四型人能夠把他們敏銳的感受力轉移到平凡的事物上，嘗試從一成不變的生活經驗中去發現感動。那麼，第四型人將不會再需要強烈的情緒起伏，反而能心情平靜地體驗美麗的人生。

第五型：博學多聞者

性格的慣性：懂得愈多愈安全。

性格大挪移：心的能量定律——給的愈多，回收的愈豐富。

第五型人對自我資源非常保護，包括時間、知識、精力……甚至不太願意與外界接觸，深怕遇上某個能量黑洞把自己全部的力量都吸走了。所以，第五型人總是神秘地躲在自己富足的思想世界裡。如果第五型人能夠把他們對知識的執著與熱忱，發揮在對情緒的探究與分享上，那麼他們會驚訝地發現：付出愈多，自

己的內心愈充實；當願意把自我資源分享出去，得到的是外界更豐富的資源！

第六型：謹慎忠誠者

性格的慣性：常常做最壞的打算。

性格大挪移：努力想想最棒的可能。

　　第六型人習慣質疑自己的決定或原本很信任的權威，因為他們一方面不完全相信自己，另一方面又認定每個人都有「沒說出口的動機」。所以，焦慮的第六型人自然會往最壞的地方打算。只要能夠應付最壞的結果，那麼一切就沒問題了。因此，第六型人不妨嘗試把驚人的危機意識調整到正面思考的方向，不要再想像壞的景況，而是往好的狀況做設想，心靈磁場一定大不相同！

第七型：勇於嘗新者

性格的慣性：不想錯過任何帶來快樂的機會。

性格大挪移：逃避痛苦，等於失去大半的人生。

　　第七型人不想錯過任何體驗，只是當痛苦來臨時，他們習慣避開會帶來痛苦的經驗。然而，人生是苦樂參半的，甚至有人認為人生苦多於樂。因此，如果第七型人選擇逃避痛苦，那就相當於失去大半的人生！向來精打細算的第七型人，應該不希望錯過超過二分之一的人生體驗吧！

第八型：天生領導者

性格的慣性：不能讓敵人有機可乘。

性格大挪移：不讓性格作主，拿回主導權。

　　第八型人脫離不了「控制欲」，他們一心想控制自己的人生、事業、甚至別人的生活，殊不知自己才是「性格」的奴隸！想要拿回自主權，第八型人首先得認清：「勇者不一定要堅強；只有勇者才敢承認自己的脆弱。」不否認自己也有軟弱的時刻，向來最害怕軟弱的第八型人就解脫了！

第九型：嚮往和平者

性格的慣性：拖字訣。

性格大挪移：最容易的處理方式就是早點開始解決。

　　第九型人的寬容個性來自於他們視萬物為一體的性格美德；沒有誰比較重要，大家的分量都相同。此外，第九型人習慣隨遇而安，麻煩的事只要先擺著，常常就有人會跳出來解決。問題是，很多麻煩不早點解決終會成為爛攤子，讓第九型人陷入更深的泥沼，也讓旁人更加痛苦。如果第九型人能夠認清：「真正的和諧只會在問題解決後出現。」那麼，第九型人的行動力將是非常驚人的！

【第四關】保持正向的思考

任何事情都會被累積，包括我們的性格特質。

想要打破從小累積到大的性格慣性，

就需要保持正面的思考，

幫助我們度過打破性格慣性的艱難時期。

一旦思考方式轉變，心境就會轉變，

我們的人生也會與以往大不相同。

「正向思考」，

絕對不是「盲目的樂觀」或「催眠式的自我安慰」，

而是指要面對現實的狀況，

在解決問題的同時，保持對生命的希望。

我們都知道正向思考的重要性，也聽過無數個「吸引力法則」讓美夢成真的故事，只要持續保有正向思考，當正向思考的力量累積到一定的程度時，我們的心境將會隨之改變，美夢就很有可能成真。

任何事情都會被累積，包括我們的性格特質。對自我的執著，讓我們產生性格慣性；然而，持續保持警覺心，讓自己不隨著性格起舞，則有助於我們打破性格的慣性，提升身心靈的自由度。不過，想要打破從小累積到大的性格慣性，真的不容易！這就需要保持正面的思考，幫助我們度過打破性格慣性的艱難時期。一旦思考方式轉變，心境就會轉變，我們的人生也會與以往大不相同。

要提醒的是，這裡所指的「正向思考」，絕對不是「盲目的樂觀」或「催眠式的自我安慰」，而是指要面對現實的狀況，在解決問題的同時，保持對生命的希望。

性格慣性產生角色扮演

性格慣性驅使我們認定自己應該以某一種方式來過生活，同時，也相信別人應該要以我們認定的方式來回應我們。比方說，第一型人的性格慣性是批評，因此他習慣對別人的想法或行為進行批判。所以，在團體中，第一型人潛意識裡是扮演「老師」或

「執法者」的角色，認為別人的表現都有待改進的空間，而自己提出的「良心」建議會讓對方變得更好，對方應該虛心接受才是。一旦對方不肯採納，第一型人就會產生「恨鐵不成鋼」的情緒。

因為我們是如此地向扮演的角色認同，所以即便在不同的人生領域當中，仍舊會產生相同的行為模式或重複的結果。因此，找出自己扮演的角色，同時抓住自己正在「演戲」的當下，即時喊「卡」，對心靈成長將有相當大的幫助。

角色扮演影響人際關係

性格慣性讓我們潛意識裡想扮演某個特定的角色，然而，當我們遇到想要和我們搶同樣角色的人時，或別人並不認同我們扮演的角色時，人際衝突就會發生。

比方說，第二型人的性格慣性是服務，他在潛意識裡習慣扮演母親或照顧者的角色，因此他需要周圍的人「都需要他的照顧」，如此他才能維持住「我是母親，我要照顧別人」的自我意識。一旦兩個第二型人遇在一起，想想看，兩個搶著付出的母親，誰肯讓步？都不讓步的結果，就是兩個人「需要被需要」的欲望都沒有被滿足。除非其中一個人調整自己的角色，不然衝突勢必會發生。

當然還有一種情況，就是彼此暫時滿足了相互的需要，也就是彼此加強了彼此的「角色扮演」。比方說，第四型人潛意識裡扮演受害者的角色，期待有人來拯救他；當習慣做英雄的第八型人出現時，兩個人很可能會天雷勾動地火而難分難捨。但是，如此建立在「互相填補性格欲望」中的愛情關係，其實是不夠穩固的，因為性格欲望永遠沒有被填滿的時候，同時更是煩惱的源頭。

性格的關卡

在日常生活中，我們隨時都會遇見性格的關卡，重要的是，我們是否警覺到自己正陷入性格的掌握，並且有足夠的智慧與勇氣去改變現況。例如，第九型的人不喜歡與別人衝突，但當他愈來愈投入扮演「好好先生或好好小姐」的角色時，他很可能開始會勉強自己去配合別人，而過度壓抑的結果，遲早還是會爆發衝突。

此時，如果第九型人能夠意識到自己正面臨性格的關卡，改以比較積極且坦誠的態度，來處理與別人意見不合的地方，同時不論結果如何，都保持正向的思考，那麼眼前的衝突，就轉化成提升身心靈成長的轉機了。

什麼時候應該喊「卡」！

性格類型	扮演的角色	應該喊「卡」的警訊……
第一型	老師	覺得自己有責任給別人建議。
第二型	好人	渴望受到大家的需要與友情。
第三型	明星人物	要求自己的生活能夠讓別人羨慕。
第四型	藝術家	刻意去塑造並追求自我風格。
第五型	聰明人	希望懂別人不知道的而拚命吸收新知。
第六型	好夥伴	不斷地想確認別人是否還支持他。
第七型	頑童	覺得應該還有更多更好的選擇在前方……
第八型	老大	強烈地想守護自己的資源。
第九型	和事佬	主動配合別人的需要。

第一型 理想崇高者

最常扮演的角色：老師、執法者。

建議的正向思考：孰能無過？知錯能改就是聖賢風範。

當「開麥拉」的聲音響起……

「……身為一位第一型人讓我覺得很累，因為我隨時都得留意自己的行為舉止是否得宜？我做得對不對？當我生氣的時候，我是否「適當」地發洩出來？還是太超過了？即使上過許多幫助人紓解情緒的課程，我到現在還是無法完全掌握自己的憤怒，尤其當別人不聽我的勸告，或更糟的，當他不聽我的勸告後，事實證明他是錯的，而且他錯誤的行為讓第三人受傷，這會讓我感到非常生氣！」

第一型人在潛意識裡是以「改正別人」的角色與人互動。所以，他覺得有責任去告訴別人應該如何做事情，或有義務去推動自己認為是正確的事情。當第一型人開始堅持別人都應該朝著他的標準或理想前進時，表示他正投入性格的角色扮演之中。此時應該要趕緊喊「卡」，暫停一下，看看自己是否過於主觀？

啟動正向思考的樞紐

「以前的我很熱中在職進修，總覺得下班後的時間不應該浪費。自從接觸九型人格後，我嘗試去學習一些娛樂性質的課程，由於我很喜歡欣賞繪畫，所以我為自己安排了繪畫課。我發現，從畫畫的過程中，我開始有了感覺，應該說我開始允許自己去感受一些屬於情緒的東西，包括開心的與不開心的。奇妙的是，在我探究或抒發內心感覺的同時，我很少批判自己，也許是因為「感覺」純粹是我內心的東西，別人看不到，不能因此評斷我，而這樣的想法讓我安心。不過，至少我現在比較敢去面對我內心的種種情緒，不再像以前那樣，認為有情緒是不理性的、不應該出現的。」

樞紐1：人非聖賢，犯錯在所難免。

你訂下的標準是否太高了？這些「不可能任務」是否讓你常常感到挫折而且罪惡？

樞紐2：花一點時間去瞭解別人的觀點。

教學相長。此外，理性的思考必須建立在客觀的態度上。

第二型 古道熱腸者

最常扮演的角色：好人、啦啦隊長。

建議的正向思考：每個人都有自己的功課要修，但先把你自己的
修好。

當「開麥拉」的聲音響起……

「……我念小學二年級的時候，非常喜歡住在我家隔壁巷
子的一個女生！她有兩條長長的辮子，每天都綁著不同的漂亮髮
帶。現在回想起來，或許是我也很希望有她那樣的長頭髮吧！所
以，我好想成為她的好朋友，每天可以一起上下學。有一天放學
後，我決定把我最心愛的一條手帕送給她。就在我走到她家門口
時，我看到她正要開門回家，當下出現一個感覺，讓我像被雷擊
一般地停了下來……我不知道為什麼要送她禮物？我們甚至不認
識！當我意識到我為了跟她一起上下學而要送出我最心愛的東西
時，我內心非常掙扎……直到現在，我還能夠清楚地感受到那股
想要成為她好朋友的強烈渴望！」

　　第二型人潛意識裡以「幫助別人」的角色與人互動。所以，他覺得有責任對別人伸出援手，或有義務去發現別人未開口的需要。當第二型人開始熱切地想要與某人建立起親密的連結時，表示他正投入性格的角色扮演之中。此時應該要趕緊喊「卡」，暫停一下，問問自己為什麼如此急迫地想要與對方拉近關係？

啟動正向思考的樞紐

　　「……以前的我很難拒絕別人，最後累到的都是自己，更嘔的是，那些拜託我幫忙的人最後都把我當菲傭使喚。所以，我最近的功課就是練習『畫界線』。當我發現自己又想要以給予去取悅別人或獲取我想要的結果時，我會讓自己停止這樣的行為。有時候我也會拒絕超乎我能力範圍的要求。如今，當我想為別人付出時，我會讓它成為一個選擇，也就是我會經過思考與評估，而不是如以往一般的反射動作。我會衡量對方的需要是什麼？我的能力有多少？我發現，現在我的每一次付出，都讓我感到非常平靜與喜樂。」

樞紐1：歡喜做，甘願受。

　　你為對方付出究竟是為了什麼？找出其中「隱藏的欲望」，

有沒有可能直接向對方坦白你的需要呢？而不是以付出作為得到的手段？

樞紐2：花一點時間去瞭解別人的感受。

　　可憐別人不完全是真慈悲，能夠感同身受才是菩提心。

第三型 成功追求者

最常扮演的角色：明星、第一名。

建議的正向思考：真正的價值來自於內在的安定感。

當「開麥拉」的聲音響起……

「……我承認我是human doings，也就是大家所謂的『一直做不停的人』。不論在人生哪個領域，我都會往成功或有效的方向考量，盡量避免失敗或無意義的行為。工作、愛情、家庭、度假、休閒、和朋友聚會、買東西、甚至倒垃圾……我都希望能按照我的計畫去發展。我必須清楚地知道我的目標與可能的結果，這樣我就會很確定而且不輕易動搖地向前走。我很難體會大家說的『隨緣自在』感覺，因為如果我不知道這樣走下去會有什麼發展，我是不可能感到自在的，因為那代表著我可能會一無所獲！」

第三型人潛意識裡以「要讓別人羨慕」的角色與人互動。所以，他覺得應該要讓自己的生活值得被讚賞，或大家都應該知道

他的成就。當第三型人開始不計一切地追求外在價值時，表示他正投入性格的角色扮演之中。此時應該要趕緊喊「卡」，暫停一下，問問自己，除了財富與名聲，人生還有什麼是值得追求的？哪一樣能夠為內心帶來比較多的幸福感？

啟動正向思考的樞紐

「自從因為健身的理由規定自己每天到公園散步後，我意外發現了放鬆的秘訣，那就是給自己一段空白的時間。在公園裡，我讓自己單純地享受眼前的綠意與清新的空氣。走累了，我就靜靜地坐在樹下休息，什麼事情都不去想，只是去感覺。有一次，我甚至覺得我好像融進了當時的靜謐之中！那種感覺真的很奇妙，因為那是我第一次不需要做什麼，就能夠擁有滿滿的幸福感！」

樞紐1：看見自己的真價值。

你究竟是誰？寫下你眼中的自己，看看有沒有別人的影子？

樞紐2：花一點時間去經營你的人生。

包括你的夢想、家人與朋友；記住，不以利益為出發點。

第四型 **個人風格者**

最常扮演的角色：藝術家、孤鳥。

建議的正向思考：一時的情緒不能代表你，你是超越這一切的。

當「開麥拉」的聲音響起……

「我在一家電腦公司上班，工作環境是陽盛陰衰，因此女生相當吃香，常常有男性工程師對我們示好或找我們聊天哈拉。公司裡其他女同事都覺得很好，就算不喜歡那個男生，聊聊天也可以調劑一下上班疲累的心情。但是，我卻很少參與。我寧願幻想與早上在捷運上遇到的帥哥一起聊天，也不想把心思花在每天一起工作的男同事身上。可能因為朝夕相處，所以公司那些男生什麼樣子我都知道，實在沒什麼吸引力。況且用想像的方式談戀愛有很多好處，例如，我可以只挑我想要的情境、安排我想要的結局，甚至永遠不需要有結局，因為結局總是令人心碎。」

第四型人潛意識裡以「要激起別人的情緒」的角色與人互動。所以，他覺得應該要先釐清自己當下的感受，或大家應該都

要瞭解他的感受。當第四型人開始以自己脆弱多變的情緒讓周圍的人感到如履薄冰時，表示他正投入性格的角色扮演之中。此時應該要趕緊喊「卡」，暫停一下，提醒自己，情緒只是一時的反應，自己並不是由心情感受來定義，更不是以時間、空間或與別人的關係來定義。

啟動正向思考的樞紐

「每天和一大群活潑好動的四、五歲小孩在一起，真的是一件累人的差事！雖然，我喜歡看到孩子純潔無邪的笑容，但他們天真不受拘束的行為，常常讓我感到挫折，因為我覺得我不是一個優秀的幼稚園老師，連小朋友都管不好。就在一次強烈的挫折感襲擊下，我放棄了叫他們乖乖聽話。當我沮喪地坐在地板上看著他們推擠叫鬧時，我突然發現教室角落裡玩積木的David需要一個墊子讓他更舒服；不小心跌倒的Joe需要一個擁抱；正在爭奪玩具的Tina與Ann需要分散彼此的注意力……就這樣，看起來亂哄哄的教室一下子變得亂中有序，我的挫折感頓時不見了。我發現，當我把注意力放在別人身上時，我比較不會受到內心情緒的影響。」

樞紐1：你是無法被定義的。

　　你不是你的情緒，更不是你的感受。你存在於每一個稍縱即逝、周而復始的當下。

樞紐2：花一點時間去瞭解別人的感受與需要。

　　你的超強直覺會幫助你勝任愉快。

第五型 博學多聞者

最常扮演的角色：聰明人、隱士。

建議的正向思考：分享並不會失去自己，失去的是防禦的高牆。

當「開麥拉」的聲音響起⋯⋯

「我是父母的第二個孩子，卻是家裡唯一的孩子，因為我哥哥在九歲那年染病去世。從此之後，我父母把全部的愛與擔心都放在我的身上，這讓我感到非常沉重而且不自由。我父母掌控我的一切，包括我的食衣住行——我在哪裡、要去哪裡、吃了什麼、穿了什麼⋯⋯甚至我房間裡的用品、擺設、安全性⋯⋯他們都要管！我覺得這世界沒有一樣東西可以算是「我的」，除了我的內心世界。所以，每當他們又來煩我時，我就會躲進想像世界裡，我可以思考別的事情，想像我去了別的地方。更棒的是，沒有我的允許，任何人都無法進入我的內心。所以，我很少與父母分享任何感覺或感受，即使步入社會，我也不曾與人談心事。」

第五型人潛意識裡以「不想牽拖」的角色與人互動。所以，他覺得應該要將自己所需的一切事物儲備足夠，或大家應該不要

造成彼此的困擾。當第五型人開始減少與外界的連結，或不輕易表露感受時，表示他正投入性格的角色扮演之中。此時應該要趕緊喊「卡」，暫停一下，提醒自己，與人互動也是增加力量的管道之一；許多很棒的想法還是需要依靠眾人的力量才能完成。

啟動正向思考的樞紐

「一切都按照我想像中的計畫進行著，直到我的房屋仲介商告訴我，我的購屋貸款可能貸不到九成，銀行只願意貸給七成。這真是青天霹靂！因為，我原來的房子已經賣掉了，就等著搬進新家，如今我卻短缺兩成的現金。經過冷靜的分析，我知道眼前最佳的解決方式，就是趕緊租一間公寓棲身。只是，短短幾天到哪裡找合適的公寓呢？我愈想愈緊張，腦海裡像煙火爆炸般剎時湧進無限多種可能，我簡直快被逼瘋了！因為我仍然堅持臨時租一間公寓是最有可能的結果。然而，就在一個轉念間，我居然神奇地解決了貸款問題！那就是當我過濾腦海裡無限多種可能之後，我決定向外求援，四處拜託朋友幫我尋求各種可能的貸款管道。結果，我真的借到需要的金額，也順利地搬進新家。從這一次事件我學到一個寶貴的經驗：好主意是需要付諸行動，才有機會實現，才能被稱得上是一個『好主意』。」

樞紐1：對各種經驗抱持開放的態度。

　　當你願意敞開付出或無私去愛的時候，自發性與行動力也將隨之而來。

樞紐2：花一點時間讓周圍的人來瞭解你。

　　你的主動分享會為你帶來更多的空間與自由。

# 第六型 謹慎忠誠者

最常扮演的角色：好夥伴、弱者。

建議的正向思考：你願意以成熟的態度面對人生，還是一輩子活
　　　　　　　　在恐懼之中？

當「開麥拉」的聲音響起……

　　「我常常覺得自己像一個鐘擺，每天都在無數個選擇之間
徘徊掙扎，因為我不知道哪一個選擇可以帶來比較多的安全感。
我往往需要極大的勇氣才能說服自己採取行動。然而，如果是我
所關心的人面對掙扎或危險，我卻是第一個衝去幫助他們的人。
但是，你要是以為我很喜歡帶頭當領導者，那就大錯特錯了！只
要我一想到要為別人負責任，我就會臨陣脫逃。我會坦白告訴別
人，我的能力不足以承擔大任。」

　　第六型人潛意識裡以「想要獲得別人支持」的角色與人互
動。所以，他覺得應該要時刻確認自己在別人心中的位置，或大
家都應該要對他「有情有義」。當第六型人開始想拉攏某個人或
加入某個團體時，表示他正投入性格的角色扮演之中。此時應該

要趕緊喊「卡」，暫停一下，問問自己，為什麼要向外尋求別人的支持？是否自己的內心有別的擔憂？

啟動正向思考的樞紐

「每隔一段時間，我的不安全感就會讓我變得焦躁憂慮，腦袋想個不停卻不知道應該從何著手。記得青少年時期的我，往往會為了擺脫這種焦慮感而衝動地採取某個行動或做出某個決定。現在的我雖然仍舊跑不出憂慮的掌握，但我會想辦法讓我的行動更具專注力與積極性。當我感到低潮時，我會嘗試以專心做事取代煩惱大小事情。繁忙的工作讓我沒有時間去擔憂，反而提升我的行動力與成果，我覺得這是一件很棒的事！」

樞紐1：不要害怕不安全。

人類對未來真的一無所知，然而，在追尋安全感的過程中，我們因磨練而變得更成熟。

樞紐2：花一點時間學習幫助心靈安定的方法。

心靈修習不是教我們如何躲避恐懼，而是幫助我們學會如何安住在無常中。

 第七型 勇於嘗新者

最常扮演的角色：頑童、享樂者。

建議的正向思考：在人生的旅途中，除了欣賞風景，也要看清楚
是什麼讓你跌倒。

當「開麥拉」的聲音響起……

「三言兩語就能夠讓別人感到快樂，我很喜歡這種成就感。
尤其當對方原本沮喪的雙眼迸出希望的火花時，我更是以自己為
傲！然而，我也有感到累的時候，尤其有些失意者其實根本不想
走出來。遇到這種情況，我不會說服他們要開心一點，因為我要
保留我快樂的能量去送給真正想要快樂的人，這是第七型人的天
賦！」

第七型人潛意識裡以「我是快樂的人」的角色與人互動。所
以，他覺得自己有義務要把快樂帶給別人，或大家對他的表演應
該要很有反應。當第七型人開始為了炒熱氣氛而努力搞笑，或出
現戲劇性的表演時，表示他正投入性格的角色扮演之中。此時應
該要喊「卡」，暫停一下，問問自己，為什麼不能安住在沒有笑
聲的氛圍中？

啟動正向思考的樞紐

「根據『九型人格』的說法,當第七型人感到壓力時,會展現出第一型人不健康的特質。因此,每當我感到緊張時,我會要求自己往第一型人的健康特質去行動,同時避免落入第一型人的不健康面。我發現這樣做很有效!因為我不再花時間去分散壓力帶來的焦慮感,而是起而行,馬上去進行我應該做的事情。以前的我回到家裡看到亂糟糟的環境,我很可能就計畫著等會兒出門晃晃什麼的。但是,現在我會要求自己,二話不說的捲起袖子整理!整理完後,再放鬆地躺在沙發上享受整潔又舒適的環境。漸漸地,我把同樣的方式運用在內心紊亂的思緒上。每當我為了某事而東想西想時,我會要求自己過濾出幾個比較實際可行的方案後,再進一步分析決定。現在,我不再像以前那麼容易地被念頭拉著跑了。」

樞紐1:不要立刻填滿心中的空虛。
　　透過自制力,我們會看見空虛背後所隱藏的情緒,並且看清我們一貫的逃避方式。

樞紐2：花一點時間認清念頭的真正本質。

　　如果我們把念頭當真了，它們就會把我們耍得團團轉。對當下的任何現象都保持開放的態度，就讓虛妄的念頭來來去去吧！

第八型 天生領導者

最常扮演的角色：老大、強者。

建議的正向思考：當你不再掩飾自己的脆弱時，慈悲的心就會出
現。

當「開麥拉」的聲音響起……

「我並不是故意要反抗，我也很想當一名『乖乖牌』，只
是，我沒辦法不去理會我內心的聲音或我所認定的價值。我願意
為我的立場而戰，更會為了我所認定的價值而奮鬥。在家裡，當
我的意見與父母不合時，我常常會『勸退』父母。當然，他們認
為我太霸道，聽不進他們的勸告。小時候，我的意見就常常被他
們忽略，甚至我覺得他們根本不懂我的意思就先拒絕了我。所
以，從那個時候開始，我就決定不把他們的意見當一回事，同時
也不在乎他們對我的拒絕或任何打擊。」

第八型人潛意識裡以「我不是好欺負」的角色與人互動。所
以，他覺得自己應該要看起來很有「氣勢」，或大家應該表現出
對他的敬畏。當第八型人開始對別人頤指氣使時，表示他正投入

性格的角色扮演之中，此時應該要趕緊喊「卡」，暫停一下，提醒自己，人與野獸最大的差別在哪裡？在於人類懂得愛與奉獻。

啟動正向思考的樞紐

「身為第八型人，我非常瞭解想要打倒別人時的那股野性衝動。因此，每當強硬不認輸的意念又跑出來時，我會特別提醒自己先退一步，好好評量眼前可能發生的結果，與有沒有其他的替代方案。學習九型人格學後，我才知道自己這樣的行為是刻意地往第五型人的健康特質去發展。妙的是，『九型理論』主張第八型人的心靈成長方向是往第二型人的健康特質發展；第八型人凋零時，則會產生第五型人不健康的特質。但是，我覺得第五型人重思考與分析的健康特質非常適合第八型人哪！哈哈，這又是第八型人的叛逆心在作祟吧！」

樞紐1：體驗脆弱；慈悲就在傷口處。

當我們往內心深處尋找那個曾經受傷的地方時，自我防禦的高牆便會倒下；當我們對別人的苦難也有同理心時，我們的心才能獲得真正的癒療。

樞紐2：花一點時間對所有的人感恩。

那些令我們討厭的人，往往反映出最真實的我們。對別人寬容，就是接納我們被自己所拒絕的某個面相。

第九型 嚮往和平者

最常扮演的角色：和事佬、隱形人。

建議的正向思考：試試看任何一種你不曾採用的做法，那都是能
　　　　　　　　讓你放鬆的方式。

當「開麥拉」的聲音響起……

「很多人都覺得我很客氣，因為我總是會先徵詢別人的意
見，也都願意配合別人的需要。但是，我從來不覺得自己比別人
有禮貌，我想我向來都認為別人比我重要吧！所以，我也很少去
思考，我想要什麼或堅持我的需要，我覺得那樣會太麻煩，不僅
麻煩別人，也會讓我感到很不自在。總之，我不想因為我的需要
而影響別人的心情。」

　　第九型人潛意識裡以「好相處」的角色與人互動。所以，
他覺得應該不要讓別人不愉快，或大家應該以和為貴。當第九型
人開始放棄自己的想法而附和大家的意見時，表示他正投入性格
的角色扮演之中。此時應該要趕緊喊「卡」，暫停一下，問問自
己，這樣的選擇真的是自己想要的嗎？還是為了避免麻煩呢？如

果是為了避免麻煩而失去選擇的機會,值得嗎?

啟動正向思考的樞紐

「許多人都以為第九型人沒有煩惱,其實第九型的我常常在煩惱,只是我不會煩惱太久,因為我不喜歡生活在擔憂之中。以前我會盡量不去想那些麻煩可能帶來的後果,但我也沒有主動去解決麻煩。我相信凡事順其自然,時間久了,麻煩也許就不再是麻煩了。不過,經過幾次慘痛的教訓後,我學習到一件事:『有些麻煩不會自動消失,而是會擺成爛攤子,讓我更難處理。』因此,現在的我會盡量早一點去解決問題,雖然我常常還是會對問題視而不見,但我有在進步了!」

樞紐1:忽視並非解藥,減低慣性才能成長。

徹底去經驗你所抗拒的事物,同時不抱批判心地對待自己,你的自我將逐漸甦醒。

樞紐2:花一點時間瞭解你自己。

我們對自己最深的傷害,就是沒有勇氣去仁慈地觀照自己,不願意看見自己的作為是如何傷害自己。

第四關通關遊戲

吸引力法則

遊戲方式

1.找一個不會被打擾的時間與空間，讓心靈能自由地接收感應到的力量。

2.你可以只朗讀你所屬性格類型的小語；也可隨機或根據你的需要去朗讀其他性格類型的小語。最好能夠把每一個句子大聲朗讀數次。

3.請抱持輕鬆的態度來進行。放鬆才能心靜，心靜後，心念的力量自然就會湧現。

4.建議把幾個你特別有感覺的小語抄在紙上，隨身攜帶。當你覺得有需要，任何時候都可以默唸這些幫助你保持正向思考的小語。

其他應用

1.如果你在生活中遇到難以相處的人，不妨翻閱一下對方所屬性格類型的小語。也許你會更瞭解他的所思、所想，相信有助於改善你們的關係。

2.如果你有孩子，不妨參考孩子所屬性格類型的小語，必要時給予
　他正面的引導。

3.你也可以根據自我心靈的需要，創造屬於個人的小語，隨時為自
　己加油打氣！

第一型：理想崇高者

我可以有情緒而不必覺得不自在。

我相信只要盡力而為就是我最好的表現。

我要尊重並且體諒別人。

我要寬容仁慈地對待自己。

我要放鬆自己，享受生活！

第二型：古道熱腸者

我可以說出我的需要而不必覺得不自在。

我要不問回報的去愛別人。

我有責任去感受我的情緒。

我可以接受別人的幫助。

我要勇敢地做自己。

第三型：成功追求者

我可以失敗而不必覺得不自在。

我是一個關心別人的好人！

我很樂意為別人服務。

我的價值不僅來自於我的成就。

我要擁抱當下這一刻的感受。

第四型：個人風格者

我可以有缺點而不必覺得不自在。

我要拋開過去的陰霾！

我為世界帶來美好的經驗。

我的情緒與我是誰無關。

我要用所有的人生經驗來幫助自己成長。

第五型：博學多聞者

我可以承認準備不足而不必覺得不自在。

我可以向別人求援！

我肯定自己的創造力與幽默感。

我相信對別人感同身受能夠帶來更多的安定感。

我接受生命中的不確定性。

第六型：謹慎忠誠者

我可以相信自己的決定而不必覺得不自在。

我能夠化危機為轉機！

我非常獨立而且有足夠的能力保護自己。

我要用勇氣與信心面對困境。

我在內心找到力量。

第七型：勇於嘗新者

我可以保持安靜而不必覺得不自在。

我做事一定要有始有終！

我非常關心別人，而且願意為大家帶來歡笑。

我能拒絕自己的欲望而不會感到被剝奪。

我要挖掘內心的感性與感受。

第八型：天生領導者

我可以軟弱哭泣而不必覺得不自在。

我要盡力為大眾謀福利！

我相信人外有人，強中更有強中手。

我願意與大家分享愛與榮耀。

我要激勵別人去追求他們的夢想。

第九型：嚮往和平者

我可以獨自一人而不必覺得不自在。

我以自己和自己的能力為榮！

我要主動參與生命中的所有經驗。

我對未來的一切非常期待！

我是一個堅強、自信、獨立的人。

【第五關】

Bon Voyage！
展開自我探索之旅

「九型人格」本身並不是一套有步驟可循的心靈放鬆方法，

它不像瑜伽、禪修或其他靜心工具。

「九型人格」的功用著重在提供各個心靈發展階段的特質，

與指出心靈成長的方向，

這是自我探索過程中非常重要的資訊。

Stacy是一位八十多歲獨居的俄裔美國老太太，是我剛到美國求學時居住在賓州Allentown的對門鄰居。就在我完成碩士學業搬遷到舊金山研習芳療一年多後，我收到以前樓下的鄰居捎來Stacy過世的消息。

　　我決定飛回東岸送Stacy最後一程，然而，怕冷的我卻忘了多帶一件保暖的衣服。尤其在前幾天的大風雪之後，送別Stacy的那天清晨，陽光和煦，而融冰正是最冷的時刻。當時我內心大喊不妙，想著自己很可能要帶著感冒傷風回西岸了。

　　就在離開教堂準備前往墓園的時候，喪禮公司的負責人拿了一件大衣給我，同時用手指了指教堂門後一張堆滿外套與毛衣的桌子，說：「那邊還有很多保暖的衣服！」原來，負責人注意到有一些來自佛羅里達州的人和我一樣，都穿得不夠暖和。所以，他臨時向Stacy的親友們募集了一些外套，希望能夠幫助我們這些穿得不夠暖的人抵擋戶外的寒風。

　　我滿心感激地穿上暖呼呼的外套，而當我發現身上的外套居然還非常新的時候，我的內心更是異常感動！這是誰的外套我並不知道，但他對陌生人設身處地的關懷與大方，讓我由衷感佩！

　　而在前往墓園的路上，我更體驗到什麼是對人最大的尊重。一路上，沒有人員開道，我們的車隊暢行無阻，因為路上的車輛都自動停下來讓送行的車隊先行通過。這個畫面震懾了我！我想

起在我去過的世界各大城市中，這樣的情況幾乎看不到！因為沒有人會為了一個陌生人的靈車而停下來，甚至因此吃上罰單。這讓我警覺到，我們多麼容易就忘了，人性的善良才是生命中最值得關切的事情！

一路上，我發現紛紛有路人對著靈車低頭致哀，甚至當車隊等紅燈的時候，有一位老人家還下車脫下帽子表達哀悼。這讓身處異國的我感觸更深。原來，我們不是唯一為Stacy送行的人群，更不是世界上單獨生存的個體，而是宇宙中心靈相連的一體。

如何選擇適合的身心靈修習工具

我遇過不少四處學習身心靈修行法門的學生，也經常有學生請我推薦「最快速」的身心成長方法。其實，不論是各個宗教信仰、神祕學的修行、瑜伽、冥想、閱讀身心靈書籍、現代心理學提供的身心放鬆方法……所有的身心靈修習方式都是殊途同歸，所需要的努力也都是一樣的。不管選擇何種方式，最重要的是個人的努力不懈。

其次，每個人在不同的階段或不同的身心狀態下，所需要的身心靈修習方式也會不同。有時候，我們的心靈會因為一段時間的平靜生活而比較容易放鬆，這個時候，從事靜坐、禪坐、冥想……等修習方式都不是難事。然而，有時候我們身處混亂之

中，要安靜談何容易？這時我們也許可以試試讀經、禱告或動禪，讓自己紛亂的心情先專心在某一件事情上而獲得穩定。

　　不過，面對眾多的身心靈修行方法，我們仍然可以依照重量級心靈導師們提供的經驗與「九型人格」對不同性格類型的建議，來加以判斷選擇。

綜合多位身心靈導師的建議

1.這個法門是否能夠讓你對自我的情緒反應更警醒、帶領你更貼近靈性、讓你的心胸更敞開？而不是讓你更執著於自我形象，或負面的事物與價值？

2.這個法門是否能夠支持你面對自我的黑暗面，或建議你以敞開的態度去接納自己不完美的地方？而不是以某種訓練刻意讓自己只去「感覺」身心靈成長的光芒與喜悅？坊間也有一些身心成長法門強調會讓學員們獲得或感應到某種「超能力」，幫助自己更圓滿。但是，心靈導師們對於「超能力」通常都抱持平常心的態度，認為只要不會因為過度強調「超能力」而轉移了追求真相的目的就好。

3.這個法門是否鼓勵你以自己的經驗去挖掘真相？在心靈修習的道路上，所有的「前人經驗」都是參考，唯有自己切身力行，並親身去實踐與體驗，才是屬於你的答案。每個人都有自己的人生考

驗，想要發現並接受屬於自己的考驗，唯有活在當下並且保持覺醒，如此才不會對生命的考驗與奇蹟視而不見。

根據性格類型來挑選

1.第一型、第二型與第六型人

這三種人是九種人中最嚴守「要怎麼收穫先怎麼栽」的一群。因此，他們比較不習慣透過按摩服務或短期休假來進行身心靈成長，他們甚至認為那是奢華的享受，與身心成長無關。其實，只要能夠讓我們的心感到安靜、舒緩與敞開，任何活動都是值得一試的！

2.第三型、第七型與第八型人

這三種人是九種人中最無法接受「明知沒有回報而付出」的一群。因此，他們比較不習慣靜靜地坐在一個地方，什麼事情都不想不做，或努力半天卻沒有實質的回報。其實，靜坐與志工服務是這三種人最具回報的身心靈成長方式。因為這兩種方式是直接通往封閉心房的最佳橋樑！

3.第四型、第五型與第九型人

這三種人是九種人中最專心「活在內心世界」的一群。因此，他們比較不習慣動態的身心修習方式，認為靜態的方式比較

能夠幫助他們接近性靈的感受。其實，過度用心的結果很容易讓身心失去平衡。散步、慢跑、瑜伽、動禪或任何伸展運動，都非常適合比較偏重精神修行的靈修者。

「九型人格」是指南針與地圖

　　「九型人格」本身並不是一套有步驟可循的心靈放鬆方法，它不像瑜伽、禪修或其他靜心工具。「九型人格」的功用著重在提供各個心靈發展階段的特質，與指出心靈成長的方向，這是自我探索過程中非常重要的資訊。因為這讓我們在各個心靈成長階段中，有明確的檢測標準，告訴我們現在正身處於什麼樣的階段，應該要避免哪些特質的發生，下一步可以往哪裡去努力。

　　想在身心靈成長方面運用「九型人格」，有三個首要原則：

1. 對自己的情緒反應或行為模式保持警醒。一有狀況來時，先往內省視，而不是向外反應。
2. 覺察自己是否出現所屬性格類型的一般或不健康特質。
3. 不要繼續隨著性格去反應。想要打破性格的慣性，最好的方法就是先不反應，退一步思考後再行動。這一部分可以藉助深呼吸、念佛號、祈禱或其他幫助內心保持沉定的方法。先冷靜下來，再以局外人的客觀立場來思考事情，甚至以對方的角度來體會，而

這就是所謂的「轉念」的境界了。

找到自我探索的起點

千樺是一位童書插畫家，進行身心靈轉換的功課有好幾年的時間了，下面是她的分享：

「身為一位藝術創作者，我覺得向內探索是一件非常重要的事情，因為唯有瞭解自己，你才能夠找到最能讓自己感動的要素，創作出最滿意的作品。過去我勤練瑜伽，也常常靜坐冥想，但許多時候我仍然會感到懷疑，這些心靈成長方式真的能讓我更瞭解自己嗎？自從接觸九型人格後，我不僅清楚地看見自己如何不自覺地出現第一型不健康的特質，同時我也清楚地觀察到自己的轉變。身為一個『典型』的第一型人，我總是以『讓自己更好』的態度去面對人生。如今，我已經能夠允許生活中出現較多的灰色地帶，同時我發現，我愈來愈少批評別人和自己。我覺得九型人格很棒的一點是，我可以很明確地『驗收』自己辛苦努力的成果！」

我們的性格類型就是我們展開自我探索的起點。當我們愈熟悉性格的操作，我們也就愈能夠不受性格的影響。接著，我們展

開探索的旅程，依循九型人格的性格成長方向，逐一拜訪其他性格類型的內心世界。

隨著我們對其他性格類型的瞭解增多，我們的同理心也將提升，身心靈成長也將穩定開展。

你才是自己的主人

學習人格學有一個很大的好處就是，讓我們有選擇不再表現出習慣性的反應。人格知識就是一張人性地圖，當我們開始注意到自己的行為、覺察到行為背後的起心動念時，我們當下就有選擇權，選擇自己要跳出既有的行為模式、還是依舊沉淪在人格的反應當中。

過去，我們就像是一個旁觀者，看著自己在人生的不同情境中掙扎、反應、後悔、痛苦。現在，我們要做的，就是拿回主導權，真正由自己來當主角！

開啟通往身心圓滿的地圖

遊戲準備

這一張「身心圓滿地圖」是Don R. Riso與Russ Hudson 兩位九型人格大師的共同分享。

如果光說不練，就算擁有再厲害的地圖，也只是限於紙上談兵囉！

第一站：探究真相的熱忱

這是自我探索最重要的動力。一心想要探究我們到底是誰？周圍的人事物又是如何？而不是滿足於性格丟給我們的答案。當我們認真觀察自己的行為時，我們會發現，那些我們習慣為自己的行為或別人的行為所做的解釋，都是在抗拒！甚至我們不讓自己發現內心的真實情況或問題。

例如，當你內心吶喊：「我恨死母親了！」如果更深一層探究，你其實想說的是：「母親，我好愛妳，我非常渴望妳的愛。」然而，這樣的實話卻不被人格所接受。因為人格不願意感

受挫折，寧願把痛苦怪罪到別人身上，以憤恨來發洩。當然，也許你得經過一段長時間的觀察，你才會發現自己對母親是生氣的。然後再經過很長時間的探索才發現，隱藏在憤恨底下的是對母親的愛與對母愛的渴望。

除非我們能夠接受發生在當下的事實，我們才有可能接受當下發生在內心的真相。我們的真相包括了內心對恐懼的反應，也包括了屬於靈魂的偉大力量。那些出自於性格對恐懼的反應，也許暫時阻擋了我們尋找真相的行動，但捕捉住這些反應，卻能夠幫助我們更接近真相。當我們更願意面對眼前的真相，就有更大的內心力量去面對與處理。

【I 啟動你的內在觀察系統】

時間：一天兩次，每次15分鐘。

方式：找一個安靜不受打擾的地方，選擇一個讓你感到放鬆與自在的坐姿，輕輕閉上雙眼，把注意力放在你的呼吸上面。當有任何的念頭、影像或其他讓你分心的事物出現時，就讓他們安靜地通過你的眼前，但不要去追蹤他們，也就是不要隨著一個念頭又發展出另一個念頭。對浮上心頭的任何事物，不批判，也不依戀。把意識當成一條流動的河

流，也許不斷有念頭或影像在意識河流之中浮現，但只要我們不去追蹤，這些念頭或影像就會漂流而過。而讓我們保持警醒、不受念頭或影像干擾的，就是我們的「內在觀察系統」。每當我們需要安定心念時，不妨反覆進行這個練習，啟動內在觀察系統，如此，我們將更容易掌握自己當下真正的感受與反應。

第二站：不隨著性格反應

一開始我使用「九型人格」展開自我探索的旅程時，我常感到矛盾。因為老師們一方面告訴我們，要努力不受性格慣性的影響，一方面又告訴我們要敞開，去接受全部的自己。這究竟是怎麼回事呢？

其實，所謂的「努力不受性格的影響」，就是努力去讓自己敞開，讓自己更容易覺知到性格的操作，在當下不出現性格慣性的反應。我們既不隨性格起舞，也不壓抑想要起舞的衝動，而是把注意力放在「究竟是什麼原因造成現在讓我不舒服的感覺？」

不當場反應，讓我們有機會去發現內心的真相，而這正是展開心靈成長最重要的關鍵。

【Ⅱ聚焦練習】

時間：至少每天三次。

方式：認真地自問：「當下的我正把心力花在什麼事情上面？為什麼我要這麼做？這是我習慣性的反應？還是經過身心靈調整後的反應？」我們不僅要每天啟動內在觀察系統，更要常常注意自己正在關心什麼事情？是不是正要採取某種性格慣性？

線索：每一種性格類型的關注焦點常常放在──

第一型：是非對錯。想辦法改正錯誤。

第二型：別人的需要。如何滿足別人的需求。

第三型：成功的形象。如何引起別人的稱羨。

第四型：缺憾。如何掩飾自己的不完美。

第五型：別人的入侵。擔心自己會被別人的要求所淹沒或榨光。

第六型：最壞的情況。擔心突發的狀況或陰謀。

第七型：未來的光明面。擔心選擇不夠多。

第八型：權力。想辦法控制生活中的一切人事物，包括自己。

第九型：一致。想辦法調整自己以融入周圍人的生活裡。

第三站：尋找支持團體

有時候我們的家庭或工作環境並不健全，裡面的人事物很可

能會阻礙我們進行成長，但是，我們仍然可以透過向外尋找支持團體的方式，來幫助我們堅定信心。

【III 分享練習】

時間：找一個你信任的朋友。

方式：你不需要向你的朋友介紹九型人格的學說，你只需要向他透露一些你所屬性格類型的內心意識或特質，然後問問他，這樣的你與他心目中的你相差很多嗎？還是他早就知道你是這樣的人？又或者，他對你有不同的看法？這樣的話題通常會開啟比較深入的內心交流。其實，大部分的人都很願意與人分享內心的想法與感覺，只是平時很少有人會主動觸及這個話題。

第四站：隨時接受考驗

如果我們抱持一顆敞開的心去展開自我探索，我們會發現，日常生活中都有可以學習的事情，都是學習的機會。任何內在的感覺與情緒，都是成長的起點。因為情緒反應就是我們逃避的方式，不管這個情緒是鼓勵自己樂觀、悲觀、反擊、壓抑……甚至想要進行身心靈學習，也很可能是我們逃避眼前問題的一種方式。與目前的情緒共處，學習去面對、去處理，這才是成長的關鍵。

【Ⅳ 轉換練習】

時間：任何日常生活的活動皆可。

方式：當你從事日常活動的時候，例如：洗碗、散步、搭捷運……啟動你的「內在觀察系統」，把注意力放在當下出現了哪些念頭、感覺或影像。接著，請在你所屬性格類型之外的其餘八個性格類型當中，選擇一個性格類型，並以該性格類型的角度重新看待你正在從事的活動。觀察看看，當看待事物的角度與立場改變時，你有不同的念頭、感覺或影像出現嗎？

第五站：對自己慈悲

　　自我探索並不是「自我改造」；自我探索的重點不是在改變我們的性格，而是去學習與它們共處，同時不受它們的影響。人們常說：「愛別人之前，你要先好好地愛自己。」這究竟是什麼意思？我們總以為這代表的是，當我們受到傷害時，我們應該要想辦法安慰與照顧自己。然而，真正的「自愛」，指的也許是，不要急著從眼前的情緒困境逃跑，要給自己面對內心感覺、痛苦與傷害的機會。因為讓自己從眼前的情緒困境逃走，就某個層面來說，這樣做其實是在自我放棄，放棄了心靈成長的機會，而這正是性格一直在讓我們做的事情。

　　心靈導師——佩瑪‧丘卓這樣提醒我們：「不管心中升起的是什麼，一旦認清之後就把它放下。」是的，真正的自愛就是意指我們真正接受自己目前的情況與情緒，但不要急著去設法改變眼前的痛苦，而是接受這些痛苦的情緒，消化它，讓自己逐漸恢復平靜，用新的角度來重新檢視目前的情況。

　　如果你知道身邊有這樣特質的人，不妨常與他們接近，讓他們成為你的支持團體。

【Ｖ 柔軟練習】

時間：每當你覺得自己的身心靈狀態沒有進步而忍不住責備自己的時候。

方式：第一型人不是九型人中唯一會自責的人，其他性格類型的人也會自我鞭笞，期望自己進步。當你發現自己正為了修行不夠精進而自我責備的時候，馬上停下來，並且用文字寫下你對自己的批判。接著，想像一下，如果今天有一位朋友或晚輩跑來找你傾吐相同的問題，他們為自己的不夠努力而萬分自責，這時候你會給予他們什麼樣的建議呢？是會狠狠地批判他們？還是會寬容地鼓勵他們？在自我探索的旅途中，大家都是新手，倦怠感與疲累感在所難免，重要的是，不要失去追求真相的動力。把自己當成一位需要安慰的孩子來呵護與鼓勵吧！

【後記】「英雄之旅」才剛剛開始！

在日常生活中，我們隨時都會遇見性格的關卡，重要的是，我們是否警覺到自己正陷入性格的掌握，並且有足夠的智慧與勇氣去改變現況。只是，人非聖賢，難免有怠惰或懷疑的情緒產生。我最常聽到的抱怨就是：「每天要顧及現實生活已經很累了，哪有心情去談心靈成長！」

其實，我們絕對有心情與心力去做心靈成長。我們之所以覺得沒有這個心力，是因為我們把心力都花在情緒上——感覺緊張、焦慮，為眼前的事情找理由、做白日夢，或內心一直反覆地思考並且猶豫不決。

長久以來，我們的心力有兩個方向可以選擇：一是支持性格反應；一是不隨性格反應。因此，不妨為自己建立一個心靈銀行帳本。「支持性格反應」就是在耗費你的心靈成本；「不隨性格反應」就是在儲存心靈成本。每隔一段時間，仔細審視你的心靈帳戶，看看帳戶內是儲存的筆數居多，還是耗費的筆數居多。

此外，我也常聽到學員信誓旦旦地說：「等我不必再為生活煩惱的時候……」、「等這個煩人的問題解決了……」、「等那個討厭的人從我生命中消失了……我就會來開始進行心靈成長。」其實。生命永遠沒有所謂「準備好讓你開始心靈成長的時刻」，生命一直都在提供機會，只是你願不願意開始。

　　當然，偶爾也會有這樣的說法出現：「如果我成長了，那些讓我受傷的人就會覺得解脫！我不想讓他們好過，我要他們永遠為我的受傷而內疚。」遇到仍舊抱持「受害者心態」的學員，我的建議通常是，如果我們繼續以自殘的方式來向曾經傷害我們的人報復，這種方式唯一的效果，就是毀了我們自己。我們可以善用自己與別人相連，也可以讓自己成為一個孤立憤怒的人，一切就看我們自己了。

　　謹以愛與慈悲心，為所有走在「英雄之旅」的自我探索路途上的夥伴們，加油打氣！

把芬

于 大安森林──心靈香契

2009

國家圖書館出版品預行編目資料

九型人格心靈密碼學／胡挹芬著. -- 初版.
-- 臺北縣板橋市：養沛文化館, 2010.03
面； 公分. -- (I CARE快樂心田；3)
ISBN 978-986-6247-00-2(平裝)

1.人格心理學 2.性格 3.人格特質

173.75   99002491

I CARE 快樂心田 03

九型人格心靈密碼學

作　　者／胡挹芬
發 行 人／詹慶和
總 編 輯／蔡麗玲
副總編輯／劉信宏
編　　輯／方嘉鈴・謝美玲
行銷企劃／許伯藝
封面設計／斐類設計
美術編輯／KC' Friends
出版者／養沛文化館
發行者／雅書堂文化事業有限公司
郵政劃撥帳號／18225950
戶名／雅書堂文化事業有限公司
地址／台北縣板橋市板新路206號3樓
電子信箱／elegant.books@msa.hinet.net
電話／(02)8952-4078
傳真／(02)8952-4084

2010年3月初版一刷　定價320元

總經銷／朝日文化事業有限公司
進退貨地址／台北縣中和市橋安街15巷1樓7樓
電話／（02）2249-7714　傳真／（02）2249-8715
星馬地區總代理：諾文文化事業私人有限公司
新加坡／Novum Organum Publishing House (Pte) Ltd.
20 Old Toh Tuck Road, Singapore 597655.
TEL：65-6462-6141　FAX：65-6469-4043
馬來西亞／Novum Organum Publishing House (M) Sdn. Bhd.
No. 8, Jalan 7/118B, Desa Tun Razak, 56000 Kuala Lumpur, Malaysia
TEL：603-9179-6333　FAX：603-9179-6060

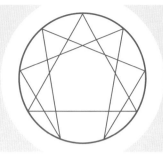

Taiwan Enneagram Center

胡挹芬・九型人格研究中心

將九型人格帶入心靈、生活、大自然

如果，你希望以溫和踏實的步伐來認識自己與九型，
同時，體驗正規九型學院風範與生活九型的實踐方法，
歡迎你加入我們的九型探索之旅！
──台灣第一個提供最專業與最完整的九型人格學研習中心──

中心網站：http://www.ctrueself.tw
挹芬信箱：ifen@ctrueself.tw
課程報名專線：0988-618-983 周小姐或胡老師
上課地點：台北基督教女青年會
　　　　　台北市100青島西路7號6樓（近公園路中央健保局）
電　　話：02-2381-2131

【熱門講座精選】

九型保健─從性格增加免疫力　　　九型芳療─找到你的靈魂香氣

九型愛情─愛情也要耍心機　　　　九型行銷─做自己，魅力自然來！

九型研究─你是墜入凡間的精靈嗎？　九型芳療─遇見伊甸園裡的愛情香氛

更多資訊請見：http://www.ctrueself.tw

小沙龍─九型俱樂部

九型迷的專屬天地！定期舉辦講座、讀書會、電影欣賞等活動，探討九型人格學在身心靈成長、愛情、人際、芳香療法……等領域的應用。

〈團體講座・職場人際舒壓〉　預約請洽：0988-618-983 周小姐

　　感謝年代電視、聯合報職場講座、中時工商產業大學、鴻海集團、嬌生公司、英聯食品、中油公司、南山人壽、今周刊、桃竹苗汽車、張榮發基金會、雲嘉南就業服務、兒福聯盟、台灣體育大學、淡江大學、東吳大學、元智大學、金石堂心靈書房講座、Page One心靈講座……等公司團體的心靈交流邀約！

九型理論課程系列	1.九型理論初級班 3.九型理論高級班	2.九型理論中級班
九型師資培訓班	1.九型人格師資認證班 3.九型教案手冊工作坊	2.九型諮詢技巧工作坊
九型心靈成長系列	1.發現心靈藏寶圖—基礎班 3.發現心靈藏寶圖—進階班	2.發現心靈藏寶圖—實務班
九型愛情系列	1.九型愛情診斷班 3.九型愛情高手班	2.九型愛情溝通班
九型親子系列	1.九型教養班	2.九型學習班
九型芳香療法系列	1.心靈香契—基礎班 3.心靈香契—白色魔法班	2.心靈香契—嬉油班 4.心靈香契—舒壓班

【九型人格教師認證計畫】

想從事身心靈工作，但沒時間去美國攻讀專業證書？
歡迎加入＜胡挹芬・九型人格研究中心＞認證教師的行列！

申請資格 修畢本中心的九型人格學初級、中級、高級全系列課程者。
證書核發 凡符合認證條件者均將獲得一份由本中心核發的教師認證證書。
認證費用 新台幣15,000元整。（本中心保留一切修改之權利）

【九型人格諮詢技巧工作坊】 遠度重洋的私房技巧，傾囊分享！

分享挹芬與Don, Russ, Helen Palmer……等美國九型人格學大師在專業教學與諮詢方面多年的實務心得，並經過挹芬整理出各型人在諮詢時的心理與行為特徵，以及適用的諮詢模式與成功原則。6小時精華課程 ＋ 上百頁諮詢技術講義

【九型親子教養工作坊】 讓孩子走自己的路，我們能做——

重新看見你的孩子：找出孩子可能的性格類型與未來人生發展/讀書習慣/生活習慣/責任感/做決定/人際關係/禮儀/情緒管理/自我表達/心靈成長

500元 課程抵用券

憑本券可折抵「九型人格 諮詢技巧工作坊」費用。

每人限用一次。一次限用一張。影印無效

有效期限：民國100年10月10日止

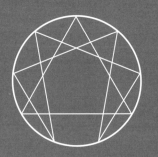

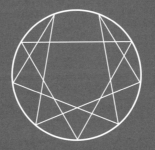